# MAIS FORTE
## QUE O ÓDIO

# TIM GUÉNARD

# MAIS FORTE QUE O ÓDIO

UMA INFÂNCIA DEVASTADA: DO HORROR AO PERDÃO

Tradução
Diogo Chiuso

Título original
*Plus forte que la haine*

Copyright © Presses de la Renaissance, 1999

Dados Internacionais de Catalogação na Publicação (CIP)
(Câmara Brasileira do Livro, SP, Brasil)

Guénard, Tim
   Mais forte que o ódio : uma infância devastada:
do horror ao perdão / Tim Guénard. – São Paulo:
Quadrante Editora, 2022.

ISBN 978-65-89820-43-7

1. Guénard, Philippe 2. Memórias autobiográficas
3. Superação I. Título.

22-96769
                   CDD-920

Índices para catálogo sistemático:

1. Memórias autobiográficas 920

Maria Alice Ferreira - Bibliotecária - CRB-8/7964

*Conselho editorial*
José Maria Rodriguez Ramos
Renata Ferlin Sugai
Hugo Langone

# SUMÁRIO

AVISO......................................................................... 12

PREFÁCIO.................................................................... 14

3 ANOS: JOGADO NUMA VALA ...............................17

4 ANOS: NA CASINHA DO CACHORRO .................. 20

5 E 6 ANOS: SILÊNCIO, HOSPITAL ........................26

7 ANOS: NO MERCADO DOS ÓRFÃOS.................. 30

8 ANOS: A PRISÃO DOS LOUCOS .........................36

9 ANOS: AS GARRAS DA FAZENDEIRA................. 41

10 ANOS: FELICIDADE EM CHAMAS ..................... 48

11 ANOS: NA CASA DE CORREÇÃO,
ALA DOS "CARAS DURÕES" ........................................ 54

12 ANOS: FUGA E DESGOSTO ................................... 65

13 ANOS: LADRÃO DE PROSTITUTAS ....................... 71

14 ANOS: GIGOLÔ EM MONTPARNASSE ..................... 79

MUDANDO DE CAMINHO:
MEU IRMÃO MAIS VELHO SE VAI ............................... 84

15 ANOS: MUNDO AFORA COM O SENHOR LÉON ........ 89

A GRANDE FUGA ..................................................... 98

O VELHO E A MORTE ............................................... 107

CARTA ABERTA AO MEU PAI, PRESIDENTE DA FRANÇA ......... 112

APRENDIZ DE ESCULTOR DE GÁRGULAS .................. 120

16 ANOS: DANÇA COM SOCOS ................................. 129

18 ANOS: DESCOBRINDO EXTRATERRESTRES ............ 140

COM UM PADRE NA MINHA GARUPA ......................... 152

O CHOQUE DO PERDÃO ........................................... 160

21 ANOS: MEU PRIMEIRO PRESENTE DE ANIVERSÁRIO    168

MEUS AMIGOS DO SOFRIMENTO DO MUNDO .............. 177

AVENTUREIROS DE DEUS ......................................... 183

**22 ANOS: A FILHA DA CASA DA FELICIDADE** ..... 192

**23 ANOS: O CASAMENTO DO FILHO PRÓDIGO** ..... 199

**24 ANOS: EM LOURDES, NAS MÃOS DE MARIA** ..... 206

**SETENTA VEZES SETE** ..... 215

«*Minha vida foi tão destruída quanto o meu rosto.
Só meu nariz tem vinte e sete fraturas.
Vinte e três vêm do boxe; quatro, do meu pai.
Os golpes mais violentos, recebi de quem
deveria ter me dado a mão e dito
"eu te amo"*».

Tim é um «fruto podre». Abandonado pela mãe e espancado quase até a morte pelo pai, foi para um orfanato aos 5 anos. De famílias adotivas a reformatórios, de brutalidades a humilhações, ele descobre a violência e o ódio. No entanto, a sua imensa sede de liberdade e de amor o levou às ruas de Paris, aos encontros casuais, à procura de uma humanidade perdida e ao acesso à felicidade... Além de um testemunho comovente de uma infância devastada, esta obra é também um magnífico elogio de amor, perdão e vida.

*Este livro é dedicado àqueles cuja memória está ferida, àqueles que não conseguem perdoar e que sofrem e choram de esperança.*

# AVISO

Foram necessários anos de silêncio e amor para que eu conseguisse dizer alguma coisa.

Realmente vivi o que conto nestas páginas. Não é um romance. Peço perdão pelo estilo às vezes coloquial destas linhas, mas não tenho o hábito de escrever; por isso, prefiro falar.

Para não comprometer algumas pessoas, mudei voluntariamente sobrenomes e os nomes dos lugares. Foi o único afastamento da verdade a que me permiti.

Também peço perdão por nem sempre ser preciso nas datas. Como tive várias vidas em uma, as memórias nem sempre coincidem. Não importa. Tenho a idade da minha esperança.

Por pudor, também escondi o que não podia tornar público e exigia privacidade estrita.

Não contei algumas coisas para não prender certas pessoas ao mal que elas me causaram. Não quero impedir que mudem um dia. Elas têm o direito de me surpreender.

Só coloquei esse testemunho em palavras depois que meu pai morreu por respeito a este homem que um dia quis matar, mas que aprendi a amar quando ele atravessou os portões da Grande Passagem.

Que descanse em paz.

# PREFÁCIO

Minha vida foi tão destruída quanto o meu rosto.

Só meu nariz tem vinte e sete fraturas. Vinte e três vêm do boxe; quatro, do meu pai. Os golpes mais violentos, recebi de quem deveria ter me dado a mão e dito «eu te amo».

Ele era iroquês.[1] Quando minha mãe o deixou, o vício em álcool tornou-se um veneno, a ponto de deixá-lo louco. Ele me espancou quase até a morte antes que a vida continuasse o seu jogo cruel.

Nessa época, sobrevivia com três sonhos: ser expulso do reformatório onde fora colocado — algo que, até então, nunca havia acontecido; tornar-se líder de uma turma; e matar o meu pai.

Realizei esses sonhos, exceto o terceiro. Mas estava a dois passos de levá-lo a cabo...

Por anos, foi a chama da vingança que me manteve vivo.

Na prisão do meu ódio, recebi a visita de pessoas habituadas ao Amor; eles me colocaram de joelhos, recuperaram o meu coração. Devo minha vida àqueles que a nossa sociedade rejeita: os abandonados, os deformados, os deficientes — enfim, os «anormais». Também lhes devo uma maravilhosa lição de amor. Por isso, dedico este livro a eles, que me permitiram renascer. Foi esse encontro inesperado com o amor que virou minha existência de cabeça para baixo.

Hoje moro em uma casa grande e iluminada, nas alturas de Lourdes, com Martine, minha esposa, e nossos filhos: Églantine, Lionel, Kateri e Timothée. Além de algumas pessoas que passam e ficam em nossa casa enquanto esperam para retomar o caminho.

Esta manhã, coloquei minhas colmeias na encosta da montanha. Amanhã, vou levá-las para outro lugar, para outras flores, outros perfumes. Saboreio o silêncio das colinas que me conduzem ao horizonte.

Uma abelha se agita à minha volta, zumbe perto do meu rosto, volta à flor, já carregada de pólen. Sua vida tem a precisão de uma partitura: ela toca as notas de sua hereditariedade, essas ordens seculares transmitidas por seu código genético. A abelha, como qualquer animal, não pode mudar nada em seu comportamento.

O homem, sim.

---

1 Povo indígena da América do Norte que habitava a região dos Grandes Lagos, no sul de Ontário, Canadá, e no nordeste dos Estados Unidos.

O homem é livre para virar seu destino de cabeça para baixo, para melhor ou para pior.

Eu, filho de um alcoólatra, uma criança abandonada, mudei o destino que me levava à tragédia. Contrariei a genética. Esse é o meu orgulho.

Meu primeiro nome é Philippe. Meu apelido é Tim porque meu nome iroquês é Timidy. Significa «senhor dos cavalos» (mesmo que, por outro lado, a minha memória ferida sempre tenha sido mais difícil de domar do que um puro-sangue selvagem).

Guénard pode ser traduzido como «forte na esperança». Sempre acreditei em milagres. Essa esperança que nunca me faltou, nem mesmo na escuridão da noite, é o que hoje desejo para os outros.

Herdei a ausência de vertigem de meus ancestrais indígenas e temo apenas um abismo, o mais assustador: o ódio de si mesmo.

Tenho, também, apenas um medo: não amar o suficiente.

Para ser homem, você precisa de coragem. Para ser um homem de amor, você precisa de outros amores maiores.

Depois de anos de combate, depus as armas e abandonei as guerras com meu pai, comigo mesmo e com o meu passado.

Às vezes, quando me pedem, pego minha velha van e saio para contar um pouco da parte caótica de minha vida. Vou para perto, para longe, para qualquer lugar, na França e no exterior, para escolas e prisões, igrejas e retiros, estádios e lugares públicos...

Testemunho que perdoar é o ato mais difícil de se cumprir. É, porém, a mais digna de todas as ações humanas. É a minha melhor luta.

O amor é meu golpe final.

Agora estou trilhando o caminho da paz.

# 3 ANOS: JOGADO NUMA VALA

Ela não me beijou e nem disse «adeus». Nada, nem uma palavra. A mulher simplesmente foi embora. Usava botas brancas... Tinha apenas três anos quando minha mãe me amarrou num poste, numa estrada rural que não levava a lugar algum.

Depois entrou no carro estacionado ao lado e simplesmente foi embora. Desapareceu. Tudo o que eu via era uma poeira que se levantava. Estendi os braços. Estava sozinho. A noite invadia a floresta e seus monstros emergiam das sombras.

Desde criança, essa é a única memória precisa que guardo de minha mãe: um vulto que se afastou com longas botas brancas. Alguém que seguiu seu caminho sem olhar para trás...

Ela me deu à luz quando tinha dezesseis anos e me abandonou três anos depois, no dia em que resolveu se unir ao novo homem da sua vida. Eu não tinha mais espaço na vida dela.

Os guardas me encontraram bem cedo, na manhã seguinte. Estava paralisado, apavorado. Eles me levaram para meu pai. Não sei como o encontraram, não sei mais nada.

Meu pai era guarda-costas numa embaixada em Paris. Um homem magro e comprido como uma árvore. Tinha o nariz curvado e os cabelos negros de seus ancestrais. Um atleta introspectivo que não negava seu sangue indígena. Ele tem uma força incomum, liberada de repente, de forma terrível, como um trovão, como um arco que lança a flecha.

Certa vez minha avó me contou que um dia ele estava em um bar sendo importunado por três desses rapazes brancos idiotas. Estava sendo ridicularizado por causa de sua raça. Ele se manteve tranquilo, sem dizer nada, sem nem mesmo contrair o rosto. Mas quando um deles tocou o seu ombro para provocá-lo, ele mandou os três para o chão em menos tempo do que se pode contar. Depois voltou para o balcão e pediu mais uma cerveja, como se tivesse acabado de limpar o ombro ou se livrado de um mosquito.

Ele é filho de um veterano de guerra que nunca conheci, mas cujo sangue corre em minhas veias. Tenho orgulho do meu avô. Sua história é surpreendente. Foi um artista indígena que se alistou nas forças canadenses durante a Segunda Guerra Mundial como piloto de caça. Feito prisioneiro pelos nazistas, foi tomado por judeu porque era circuncidado, e por isso o enviaram para um campo de concentração na Alemanha. Ficou honrado com esse erro, até porque os iroqueses não gostam de desiludir seus algozes. Ele morreu poucos meses antes do fim da guerra, após três anos de tratamento desumano. Antes disso, minha avó recebeu apenas estas poucas palavras: «Tenho orgulho de morrer com meus irmãos judeus».

Ela também foi uma mulher corajosa. Não conseguia acreditar na morte do homem que amava apaixonadamente e a quem apelidou de «Mão de Ouro». Viveu num abrigo no subúrbio do norte da França que havia sido usado como depósito de munições, e ali criou, sozinha, seus treze filhos, aos quais se somaram ainda dois netos, filhos de uma de suas filhas que havia sido baleada nos atos da Resistência. Ela só recebeu a pensão de viúva de guerra cinco anos depois da Libertação. Mas recebeu em dólares... e esse dinheiro lhe permitiu comprar terras, que distribuiu aos filhos.

Meu pai, também canadense, serviu nos comandos navais americanos durante a Guerra do Vietnã, onde salvou seu tenente da morte. O gesto não fora esquecido: tendo mais tarde se tornado diplomata, ele confiou ao meu pai a sua segurança pessoal.

## 3 ANOS: JOGADO NUMA VALA

Meu pai carregava uma tremenda cicatriz no peito. A partida de minha mãe o pegou despreparado, como uma rajada de metralhadora no campo de batalha. Ele ficou paralisado, foi tudo muito de repente.

Como era instável e imprevisível, passou a beber cada vez mais. Então, confiou-me a uma de suas irmãs, que morava perto de casa.

Aquela terna mulher me proporcionou, pela primeira vez, a felicidade de ser amado. Aprendi a me equilibrar sobre as minhas próprias pernas e depois a andar; também aprendi a acariciar os troncos das árvores, que eram confidentes dos meus segredos, e também a sonhar deitado sobre os seus tapetes com imagens da Idade Média: o sangue de meus ancestrais guerreiros fervia ao ver aquelas cavalgadas e confrontos ferozes. Essa felicidade, essa suave anestesia, foi um parêntese muito breve da minha vida.

Poucos meses depois, meu pai voltou para me pegar e descobri que minha família havia crescido: ele estava morando com uma mulher que parecia uma *mamma* italiana, muito morena, meio gordinha. Tinha cinco filhos, e fomos morar todos juntos.

— Esta é sua nova mãe, beije-a — disse ele. — Você pode chamá-la de mãe.

Para mim, era precipitado. Recusei-me a chamá-la de mamãe, ainda que estivesse morrendo de vontade de encontrar uma. Os olhos daquela mulher eram escuros como o fundo de uma adega. Eu não percebia nenhuma luz de amor ali. Ela me beijava, beliscando meu braço com um sorriso falso, hipócrita e cruel.

Sabia que ela jamais seria minha mãe. Fisgou o coração do meu pai, mas nunca substituiria aquela que me carregara no ventre; aquela que uma noite me largara na beira da estrada; aquela que me dera as costas, que partira com botas brancas de cano alto. E nunca entendi o porquê.

# 4 ANOS: NA CASINHA DO CACHORRO

Morava com minha família falsa. Comia com eles, dormia com eles, mas não vivia com eles. Era apenas um estranho. Eles me tratavam como um parasita indesejado.

À noite, esperava meu pai como um salvador. Aguardava seu retorno com uma impaciência que não posso esconder. Ficava sempre atento a seus passos na escada. A chave na fechadura abria as portas da esperança para mim. Então, voltava-me para aquela silhueta poderosa. Todo o meu ser implorava silenciosamente por um olhar, por um sorriso. Em vão. Meu pai corria diretamente para a minha falsa mãe, para os meus falsos irmãos e irmãs. Beijava-os, fazia carinhos e os embalava como se quisesse me ferir, vingar-se de mim, dizendo: «Você jamais terá isso! Você me traz a lembrança de sua mãe, aquela mulher que não consegui conservar ou fazer feliz».

Era a memória do amor frustrado, a lembrança do fracasso conjugal, o sinal da honra perdida. Seu remorso continuava vivo.

Minha falsa mãe logo percebeu esse ressentimento em relação a mim. Certo dia, triunfante, ela despejou:

— O seu bastardo não se comportou bem hoje!

Finalmente meu pai olhou para mim, mas não para me abraçar. Naquele momento, a esperança se transforma em pesadelo. Seus olhos estão carregados de ódio; a fera rosna e avança. Recebi o castigo mordendo os lábios para não gritar com a violência do «*Paris-Brest*» — era assim que meu pai chamava as bofetadas. Plaft! Plaft! Plaft!

Durante a surra, minha falsa mãe sorria. Ela saboreava cada tapa. Não sou ninguém em seu galinheiro, apenas um patinho manco. Ela é boa para com os filhos, mas não pertenço à ninhada.

Quando meu pai ficava ausente por várias semanas, ela me prendia no quintal, atrás da casa, durante tardes inteiras. Naquele «espaço-depósito», rodeado por uma grande parede de tijolos, como a de uma prisão, eu encontrava objetos familiares. Eram meus companheiros de cela: bicicletas enferrujadas, um carrinho de mão quebrado, um barril preso por uma corrente. Na ponta da corrente, um cachorro marrom e branco, meu amigo Simla.

No meio do quintal havia uma enorme banheira que os filhos da minha madrasta arrastavam até a cozinha para tomar banho. Quando terminavam, a mãe, ajudada pelo filho mais velho, recolocava a banheira ainda cheia no quintal e gritava para mim:

— Lave-se, bastardo!

A água estava sempre suja e gelada. Mas eu tinha de mergulhar nela, mesmo tremendo sob o frio do inverno. Meus meio-irmãos ficavam debruçados na janela, zombando de mim, comendo doces e lambendo seus pirulitos coloridos. Via seus sorrisos e caretas através da névoa. Ficava ali, do lado de fora, tremendo, esperando que alguém me buscasse. Senti essa frieza na pele até os catorze anos. O arrepio percorria a medula.

Às vezes tinha tanto frio que me refugiava ainda nu no canil de Simla. Meu amigo, o cachorro, uivava em protesto, para lembrar aos homens que não deveriam tratar um de seus filhotes assim.

Eu amava aquele cãozinho carinhoso. Ele também levava suas surras regulares. Isso criava um vínculo entre nós. Tinha a impressão de que ele me entendia quando gemia baixinho ao me ver entrar na banheira gelada, como que me encorajando:

— Vá em frente, Tim, coragem! Estou com você.

Sua reclamação irritava minha madrasta. Ela corria para o quintal para bater em Simla e me insultar ao mesmo tempo, chamando-nos de bastardos imundos. Éramos da mesma raça. Aquele cachorro foi meu primeiro amigo.

Desde que minha mãe fora embora, meu pai passara a beber muito. E cada vez mais. Quando eu aparecia em seu campo de visão, seus olhos mortos emergiam de sua fixidez de zumbi. O simples fato de me ver acendia nele o estopim de uma bomba. Ele erguia seu corpo enorme e ofegante de lenhador e avançava sobre mim de forma cada vez mais violenta, sem precisar de qualquer motivo. Tinha de me esconder para não provocar uma explosão.

Mesmo assim, todas as noites, ainda guardava a esperança de que ele me tomasse nos braços. Esperava por isso desesperadamente. Não podia desistir da única imagem que me permitia sobreviver.

No fim de semana, quando minha falsa família ia para o campo, meu pai me trancava no porão; e, como eu me recusasse a descer aquela escada íngreme, ele me empurrava com força em direção a ela, fazendo-me rolar os degraus de pedra até o fundo daquele covil escuro e úmido. A porta se fechava e a luz desaparecia. Lá dentro, atordoado, eu ficava

## 4 ANOS: NA CASINHA DO CACHORRO

estendido na terra fria, respirando o cheiro fétido de mofo e umidade. Também cheirava a xixi e cocô, porque tinha uma pequena abertura para o pátio logo atrás do canil de Simla. Eu levantava e colocava a mão no buraco. O cão vinha lamber meus dedos, chorando. Fazíamos companhia um ao outro durante aquelas intermináveis horas de tédio.

Nas paredes escuras de minha prisão, pendurava os retratos imaginários das três pessoas que faziam transbordar felicidade e ternura em mim: minha tia, meu avô materno, a quem idolatrava, e minha avó paterna. Ficava ali, conversando com eles, afugentando cuidadosamente qualquer poeira, a menor sombra que pudesse manchar o brilho de meus sóis interiores. Também brigava com eles; repreendia-os por me deixarem com meu pai. Nas minhas noites de solidão, berrava:

— Venham me buscar, venham me buscar, me levem, por favor!

Às vezes, minha avó paterna vinha me buscar durante o dia. Ela era gentil e alegre e me mimava como toda avó. Comprava roupas, sapatos de verniz e me dava doces. Mas as horas passavam rápido demais, e eu franzia a testa só em pensar que nosso romance estava chegando ao fim. Ela não entendia o motivo do meu comportamento. À noite, me levava para casa. Meu pai me pegava pelo braço, enquanto eu gritava:

— Não, não, vovó! Me leva com você, me leva com você!

Queria muito ficar com ela, mas ela ia embora sem mim. Não podia dizer-lhe que seu filho me maltratava. Vivia sozinho com meu segredo.

Até o dia em que um amigo da família veio nos visitar e beber com meu pai, que já estava bêbado. Quando ele quis extravasar sua raiva diária em mim, aquele homem o tentou impedir. Louco de raiva, meu pai o esfaqueou, mas ele conseguiu escapar, sangrando, e foi parar no hospital.

No dia seguinte, uma senhora tocou a campainha e pediu para me ver. Minha falsa mãe se recusou. A senhora insistiu com uma autoridade discreta. Acabou ameaçando minha madrasta com sérias sanções. Então ela cedeu e me chamou. A senhora me convidou para um passeio. Era bonita e doce, mas, mesmo assim, eu estava morrendo de medo. Ela me levou a um café, me ofereceu chocolate quente, fez muitas perguntas sobre a minha falsa família e sobre meu pai: se ele era legal, como cuidava de mim. Respondi tudo sem mentir. Só não contei toda a verdade porque achei que ela não acreditaria em mim.

A simpática senhora olhou para o relógio e voltamos para a minha casa. Eu não queria voltar, por isso agarrei-me a ela: «Quero ficar com você». Ela me explicou que era assistente social e que iria cuidar de tudo para que eu não apanhasse de novo. Acreditei.

Assim que a porta se fechou, meu pai gritou comigo:

— O que você contou a ela?

Pegou então um cabo de madeira e me bateu várias vezes. Desmoronei. Minhas pernas doíam tanto que pararam de responder aos meus comandos. Ele continuou a bater e a gritar.

— Está escutando? O que você disse para aquela vadia?

E me batia!

— O que você disse para aquela vadia? — repetiu a pergunta, urrando de raiva.

Estava completamente perdido. Mas ainda acreditava naquela senhora — que jamais deveria ter me deixado sozinho. Eram tantas bofetadas que dava para chegar à lua!

Depois ele me puxou pela camisa e me carregou, como se eu fosse uma bolsa. Abriu a porta do porão e simplesmente me lançou escada abaixo, gritando:

— Criança imunda, tome jeito ou eu vou te...!

Não consegui ouvir o final da frase porque fui rolando para dentro do buraco negro até me esborrachar na aterrissagem.

Algum tempo depois — talvez alguns minutos, não sei! —, quase desmaiado, minha madrasta apareceu gritando. Eu, na confusão da minha cabeça, só conseguia entender:

— Vem, bastardo! Sobe, sobe!

Mas eu não podia. Não conseguia me mexer. Na queda, quebrei o queixo e o nariz. Minhas pernas também estavam quebradas. Então, aquela mulher gorda desceu as escadas e me bateu, dizendo:

— Vamos, mexa-se, suba, bastardo, suba!

Subi cada degrau como uma lesma, enquanto ela batia nas minhas costas com um cinto. Não conseguia mais sentir as minhas pernas.

Tudo rodava na minha cabeça. Quando cheguei lá em cima, meu pai estava de pé, imenso. Um furacão de violência me atingiu. Senti um soco no olho, depois uma bofetada do lado esquerdo, que já estava coberto de hematomas. Por fim, um estalo tão alto que o ouvido parecia que ia explodir. Então veio a noite. O buraco negro.

Depois disso, não lembro mais nada.

Essa foi a noite do meu aniversário de cinco anos.

De presente, ganhei uma surra explosiva. E a escuridão total.

# 5 E 6 ANOS: SILÊNCIO, HOSPITAL

Saí da escuridão do coma três dias depois.

Acordei numa sala bem iluminada, me perguntando: «Onde estou?».

Não conseguia me mover. Meu corpo estava completamente imobilizado. Senti um rosto muito perto do meu. Estava sorrindo. Reconheci depois de alguns segundos. Era a assistente social. Ela me olhava de forma gentil. Não posso culpá-la por ter me abandonado no meio daquele ciclone. Até porque, no fim das contas, ela cumpriu sua palavra.

— Não se preocupe, você está no hospital. Não precisa mais ter medo.

A frase ficou gravada em mim como um enigma. «Não precisa mais ter medo»: quem pode prometer algo assim? O medo é como uma broca: penetra o corpo, o coração, a alma, e vai perfurando, transpassando cada uma das células. Não escolhemos ter ou não ter medo: ele aparece de repente e nos agarra pela garganta.

— Não precisa mais ter medo — reafirma ela.

Só acredito em parte. Bastardo escaldado tem medo de água fria.

Então fiz a ela uma pergunta estranha:

— E meu pai? Ele morreu?

Ela respondeu:

— Não, ele perdeu os direitos paternos.

Durante anos, a quem me perguntasse, eu dizia que meu pai tinha perdido os direitos paternos sem ter a menor ideia do que essas palavras significavam, preferindo a vagueza da ignorância a uma verdade muito cruel.

Fiquei mais de dois anos e meio dentro daquele quarto de hospital. Então um médico me explicou que minhas pernas tinham sido esmagadas e que era preciso reconstituí-las como se fossem peças de um quebra-cabeça. Isso exigiria meses de paciência e várias operações. Depois, ainda seria preciso aprender a andar novamente com as pernas remendadas.

Meu corpo estava em pedaços. Enquanto eu jazia desacordado, meu pai queimou a minha mão e cortou a minha testa com uma faca. Estava totalmente quebrado, preso numa cama, com infusões por toda parte. Todos os dias, injeções. Imobilizado, deitado o dia todo em um quarto com quatro camas. A assistente social tinha espaçado suas visitas, e por isso já não a via mais. Mas entendo: ela tinha outros filhos internados de quem se ocupar.

Não falava com meus companheiros de quarto, todos crianças da minha idade. Tinha poucas palavras guardadas em meu vocabulário, e além disso não queria dizer a elas que o meu próprio pai me mandara para aquela prisão asséptica.

As moscas eram as minhas únicas companheiras, zumbindo ao meu redor. Eu as seguia com o olhar, brincando com elas em meus pensamentos. Imaginava-me domando-as para montá-las. E eu, o senhor das moscas, saía para explorar terras misteriosas com elas, tentando escapar das armadilhas mortais dos homens.

As outras crianças recebiam várias visitas. Eu, só uma: a da enfermeira das agulhas. Pregado em minha cama de molas, registrava a alegria delas com o canto do olho, na minha câmera interior. Eram abraçadas, acariciadas, recebiam presentes. Meu coração não perdia nenhum detalhe. Eu dava *zoom* naquela felicidade toda. Era o meu programa de TV favorito.

Após dois anos hospitalizado, comecei a mover a parte superior do corpo. Meus medos e pesadelos diminuíram, e meus terrores noturnos tornaram-se menos frequentes. Sonhava cada vez menos com meu pai, que quase sempre abria a porta e vinha correndo até mim; o quarto ficava vermelho-sangue e um véu negro cobria tudo à minha volta.

Até compus outro sonho, mas acordado. Era maravilhoso como um brinquedo: minha enfermeira das picadas entra na sala e anuncia uma visita. Ela acena para alguém no corredor, que entra no quarto. É meu pai, enorme, magnífico. Ele está bem-vestido e tem um coração novo — posso ler em seus olhos. Caminha até a minha cama para me dar um beijo. Seus olhos brilham. Ele me toca, e o toque de sua pele é a mais suave das carícias.

Quando essas imagens me dominavam, era-me impossível não virar a cabeça em direção à porta.

Ela se abre e entra a enfermeira:

— Hora da picada.

Certo dia, meu vizinho de leito, um menino apelidado de Tony, recebeu vários presentes de aniversário. Liguei minha câmera invisível para não perder nem um segundo de sua empolgação. Com pressa, ele desfez os embrulhos, que caem no chão. Um desses papéis deslizou para

## 5 E 6 ANOS: SILÊNCIO, HOSPITAL

minha cama e, discretamente, escondi-o no pijama. Eu me tornara um ladrão de embrulhos de presente.

À noite, fui escorregando pela cama até chegar ao chão. Rastejei silenciosamente até alcançar o corredor. Agarrei-me ao corrimão que contornava a parede e fui avançando como um bêbado, cambaleando. No final da barra, joguei-me no chão. Fui até o banheiro e me tranquei ali dentro, girando a chave duas vezes. Abri, enfim, o papel que escondera no meu pijama e o contemplei em liberdade: mais lindo que o céu estrelado; é vermelho e dourado, salpicado de desenhos de trens, duendes felizes e lantejoulas. Lançam imagens mágicas que fazem as crianças sonharem sem Natal e sem presentes.

Para admirá-lo em segredo, todos os dias me forçava a sair da cama, rastejar até o fim do corredor, levantar do chão e colocar um pé na frente do outro. Minha recompensa era uma parada no banheiro. Sentado no trono, sem fôlego, contemplava, escondido, o meu tesouro.

Graças a este objeto, fui reaprendendo a andar e me iniciando no desenho. Esforcei-me para copiar suas estampas, seus trens, seus duendes. Tomei gosto por desenhar. A enfermeira das agulhas me ofereceu um lápis. Ela me incentivava, e um dia trouxe uma foto de seu cachorrinho.

— Quer tentar desenhá-lo?

Eu o reproduzi, orgulhoso de mim mesmo, junto com os desenhos do baralho de Tony. Minhas obras foram mostradas para todos daquela ala, e as pessoas se aproximavam para me parabenizar. Recebi várias «encomendas» e, finalmente, passei a existir, ser reconhecido. Beijo meu papel mágico que me devolveu as pernas, me trouxe elogios e me revelou um talento oculto.

O único bloqueio em minha reabilitação eram as escadas. Meu pavor. Tinha um medo terrível dos degraus, até porque perdera a sensibilidade no pé direito. Tinha de ir deslizando a perna para mantê-lo em contato com o solo. Descia as escadas de costas, agarrado ao corrimão, olhando sempre para o alto a fim de não ser dominado pelo pânico de cair lá embaixo.

Em dois anos e meio de internação não recebi nenhuma visita, nenhuma notícia da minha família. Estava sozinho no mundo. Não sabia se meu pai estava vivo. E preferia nem saber.

# 7 ANOS:
# NO MERCADO
# DOS ÓRFÃOS

inha sete anos e meio quando deixei o universo asséptico do hospital, aquela vida protegida com todos os seus ritos, numa espécie de casulo protetor. Já andava quase normalmente. Meu olho direito ainda estava comprometido, eu tinha uma orelha que mais parecia uma couve-flor, um nariz quebrado e uma testa cheia de cicatrizes. Sofria com dores de cabeça terríveis, que pareciam fatiar meu cérebro com lâminas afiadas. Mas eu caminhava e sabia desenhar.

Para recuperar a mobilidade total, fui para um centro de reabilitação na ilha de Ré.[2] Não demorou muito para me mandarem embora por causa das minhas crises de pânico. Tive o mesmo problema em Dax.[3] Finalmente, fui parar em uma casa de freiras em Arcachon. Eram religiosas de São Vicente de Paulo, muito pacientes e atenciosas. Lembro-me dos *cornettes* brancos, de uma medalha azul que uma delas me deu, dos passeios no cais — meus companheiros compravam balões e bombons, enquanto eu só tinha remendos nos bolsos —, da sombra perfumada dos pinheiros sob os quais me refugiava para escapar do verão escaldante e da casa da felicidade. Dei esse nome a uma grande casa branca que ficava na praia, onde via crianças rindo e brincando, correndo na varanda entre o céu e o mar. Jurei a mim mesmo que, quando crescesse, me casaria com uma garota daquele lugar. Uma garota da casa da felicidade...

Recuperado, abri outra porta para o mundo: a das crianças perdidas e sem vínculos.

Depois de uma longa viagem de carro, em que vomitei durante todo o percurso, meu enjoo passou bem diante de uma fileira de prédios danificados, muito pouco propícios a curar um coração. Era lá que ficava o abrigo público de uma cidade do norte da França. Guiado por uma assistente social, passei por uma das alas do sanatório. Caminhamos por corredores cheios de velhinhos cujas roupas cheiravam a xixi. Eles choravam de maneira histérica. Assustado, com meus olhos de menino de sete anos observei aquele mundo obscuro de homens e mulheres de idade dotados de olhares perdidos.

De repente, uma velhinha agarrou o meu braço com suas mãos cheias de veias salientes e cinzentas. Tinha uma boca desdentada,

---

2 Pequena ilha localizada na costa oeste da França, no Departamento de Charent-Maritime.
3 Cidade localizada a sudoeste, no Departamento de Landes.

uma espécie de buraco negro com lábios rachados que abrigava uma língua semelhante a uma serpente rosa. Seus olhos esbugalhados me encaravam, e as pupilas dilatadas pareciam prestes a saltar das órbitas.

No meio do corredor, um velhinho sem pernas, imóvel, de boca aberta, sentado como uma estátua na sua cadeira de rodas. Num canto, à esquerda, um homem de cabelos pretos e assimétricos batia regularmente a cabeça contra a parede; depois, virava-se com uma risada estranha que saía de seu nariz. O sofrimento, a angústia dessas vidas terminais, jogadas fora, abandonadas e em confusão, deixavam o meu coração em frangalhos.

Depois entramos numa sala com paredes beges. Tinha o mesmo cheiro sufocante de mofo e urina, mas desta vez com algumas notas de éter. As pessoas jogavam cartas e dominó. Uma velha me interrompeu no caminho, pôs a mão enrugada no meu antebraço e me ofereceu um creme de baunilha. Ela me olhava de forma inconsolável. Ficou com a cabeça inclinada sobre o ombro oco, com seus olhinhos negros brilhando como sapatos engraxados. Podia ver tristeza neles. Ela ficou me encarando enquanto seus olhos se enchiam d'água. Acenou para se despedir de mim. A assistente social já havia chegado no final da sala e me chamou, irritada. Ainda deu tempo para olhar a senhora da tristeza pela última vez. Era linda em seu silêncio, a vovó.

Alguns olhares revelam a eternidade. Enterrados em nossos baús secretos, esses tesouros esquecidos despertarão na hora da dúvida. Jamais esquecerei a beleza extraordinária e digna daquela mulher.

Chegamos, então, no final de um corredor em forma de ferradura. A assistente social aponta um banco de couro com estampa de granada, próximo a uma enorme escadaria.

— Senta aí.

Havia outro menino sentado ali. Ele me perguntou:

— Você passou pelos loucos?

Ele girava um dedo contra as têmporas e soltava uma riso encorpado. Ria deles, e isso me incomodava.

A assistente voltou e meu vizinho me olhou preocupado. Ele fechou os olhos, balançou a cabeça e fez um som aflito com a boca. Fui dominado pelo medo. O que iria acontecer comigo? A porta se abriu e a mulher falou em voz baixa com a outra lá dentro, que fez que sim com a cabeça enquanto me observava com um olhar severo. Ganhei dela um número composto pela minha data de nascimento e o de meu Estado de origem. Despiram-me. Vacinaram-me. Rasparam meus cabelos, passaram um produto com cheiro forte e enrolaram uma faixa na minha cabeça. Devo ter ficado lindo como um xeique do petróleo. «É para matar os piolhos», explicou-me a mulher.

Depois ela me levou para uma sala grande, onde havia cerca de trinta outras crianças com cabelos raspados, organizadas numa fila. Todas vestidas da mesma maneira: bermuda xadrez, camisa lisa e botinas. Olhávamos uns aos outros com desconfiança. Pedi permissão para ver a minha senhora de olhos úmidos, mas me proibiram: «Você não vai sair daqui! E me obedeça!».

Tiraram a minha fantasia de múmia, e recebi ordens para me juntar aos outros no final de uma das filas que ficavam lado a lado ao longo da grande escadaria, perto da porta principal. Era quinta-feira, não tinha escola.

De repente, a porta se abriu para a entrada de mais ou menos quarenta homens e mulheres. Alguns estão bem vestidos, como se fosse domingo; outros carregam sacolas de compras. Iam passando entre nós, olhando-nos como se fôssemos objetos raros ou manequins de cera do museu Grévin. Observavam, examinavam detalhadamente, da cabeça aos pés. Tinham os sociáveis — «Oh! Que fofo esse aqui! Gostei muito dele!» — e aqueles que não demostravam sentimento algum, estudando-nos em silêncio e, muito raramente, soltando um suspiro de satisfação diante de um ou outro. Havia também os que faziam perguntas, os que franziam a testa, que apertavam a bochecha, que ficavam com expressões pensativas, que semicerravam os olhos como se quisessem imaginar como seria aquele menino dali a alguns anos. E ainda aqueles que vêm e vão, como apostadores antes de uma corrida de cavalos, observando o número que carregávamos no peito.

Todos vinham para escolher uma criança.

Ao meio-dia todos foram embora, depois de fechar o mercado das crianças abandonadas. Apenas dois meninos permaneciam naquela grande sala vazia e nua: Christian e eu. Os outros foram adotados. Era a segunda vez de Christian. Sem sucesso. Restava apenas uma chance. Ele me explicou as regras do jogo:

— Se você não for escolhido no terceiro turno, vai para uma casa de correção. Você tem três chances ao todo.

Depois de um breve silêncio, ele acrescenta:

— Você sabe por que ninguém nos levou?

— Não... eu não sei.

— Não somos bonitos. As pessoas gostam de crianças bonitas.

É verdade que ele não era bonito, o Christian. E eu devia ser tão feio quanto ele, já que não fora escolhido.

À noite, não consegui dormir. Sonhei acordado que uma bela senhora e um simpático senhor, ambos alinhados, se aproximavam de mim e me puxavam da fila: «Venha conosco!». Eles me davam a mão, e eu me via, entre eles, atravessando o grande portal do abrigo público, banhado de luz.

É um sonho que me mantém acordado. Muitas vezes, repasso-o com detalhes enquanto espero o dia D da adoção.

Na quinta-feira seguinte ocorre a mesma cerimônia, com dez novos meninos. Sou objeto de sussurros e comentários, mas não sou escolhido. A elegante senhora e o simpático e bem-vestido cavalheiro não vieram. Christian e eu fomos novamente descartados, como os legumes ligeiramente podres que os feirantes não conseguem vender e, por isso, deixam largados na sarjeta depois da feira. Somos crianças amassadas e com avarias.

Foi uma tarde sombria. À noite, estávamos sozinhos naquele dormitório sinistro, abatidos pela tristeza. Christian havia perdido a sua última chance. Iria para um reformatório. Não queria que ele me deixasse, o meu irmão de abandono.

Os outros meninos deviam estar dormindo numa cama grande com lençóis limpos, em uma bela casa com uma mãe e um pai atenciosos. Bom para eles: ganharam na loteria do amor. Pior para nós.

Assim que a luz do dormitório foi apagada, fiquei com medo e comecei a chorar. Senti que meu pai estava voltando para me bater. Por que essa assombração se apoderou de mim, mais forte até do que antes? Gritei. Borrifaram o meu rosto com água fria. Rasguei os lençóis com os dentes.

— Grite só para você ver! — ameaçou o supervisor.

Naquela noite comecei a fechar meu coração e a torneira das lágrimas. Para não morrer ou ficar louco, precisava me dessensibilizar.

Na manhã seguinte, fui levado a uma psicóloga, que mal olhou na minha cara. Percorreu o arquivo rapidamente e concluiu que eu estava doente. «Doente de quê?», perguntei. Grande silêncio. Fiquei olhando para ela. Eu me sentia muito saudável. Ela escrevia sem parar numa folha de papel.

— Próximo! — dispensou-me ela, sem sequer me olhar.

Puxaram-me pelo braço e me levaram de carro. Eu ignorava o meu destino. De repente, um pensamento maluco tomou conta de mim. Um lampejo de felicidade. Perguntei à senhora que dirigia:

— Você está me levando de volta para minha mãe?

Ela respondeu que sim.

O pesadelo acabou.

# 8 ANOS: A PRISÃO DOS LOUCOS

Ela respondeu que sim.

Aquela porca estava mentindo, e por um momento acreditei.

A viagem e o sonho estavam para terminar. O que me aguardava no fim da avenida cheia de árvores não era minha mãe, mas um castelo de loucos. Uma clínica de internação.

O sopro de felicidade que me invadira por alguns minutos murchou de repente, como um balão estourado, dando lugar ao nojo e à raiva. Eu não confiava mais em ninguém. Por que ela respondera que sim? Para evitar perguntas embaraçosas? Para ter paz por três horas na estrada?

Na quinta-feira anterior havia perdido na loteria do amor. Na sexta, ganhei no bingo do desespero.

A vida mal havia começado naquele lugar. Fui recebido por um homem estranho, vestido de azul. Entramos no prédio. Ouvia alguns uivos e risadas abafadas. Era um zoológico onde os homens viviam em jaulas. Não era aberto ao público.

Naquele dia, um sofrimento desconhecido e silencioso me atingiu com extrema violência. O mundo está desmoronando dentro de mim. Observo, escuto, espero. Cada segundo, cada minuto, cada hora, cada dia que passa é incompreensível para mim. Meus medos se ampliam e se transformam num precipício vertiginoso. É um abismo que me traga para dentro.

Tenho medo das injeções. As drogas extinguem gradualmente a minha consciência. Eu regredi, fui ficando como um zumbi. Na minha cabeça, tenho a impressão de andar em círculos. Um círculo muito estreito. Luto para não perder o equilíbrio, para não afundar ainda mais. Não queria mais tomar aquelas porcarias. Tentava fugir, mas as enfermeiras sempre me alcançavam e me aplicavam injeções à força.

Fiquei andando em círculos por nove meses. Mal para vida, mal para a alma. Gritos de uns, gemidos de outros. Uivos, longos silêncios. Olhares vazios, posturas congeladas, membros enrijecidos, marcha mecânica, movimentos lentos e vozes pastosas. Arranhões nas janelas, dedos deslizando sobre as mesas, rangidos... São detalhes insuportáveis de cada dia que se iam gravando em mim. Apesar de mim. Convivia com os segredos insuportáveis daqueles homens e mulheres que a família havia internado para lhes confiscar a herança ou para tomar a guarda de um filho. Pessoas denunciadas por um vizinho, uma esposa, por herdeiros. Por vingança ou interesse. Às vezes, por nada. É o que me diziam.

Posso acreditar nelas? Tarde demais. A suspeita geral de loucura era muito grande, e isso acaba com a confiança. A comunicação é cortada, ninguém atende no número discado. É cada um por si, com sua camisa de força. Uma viagem ao inferno.

Os dias passavam por mim sem que eu me desse conta, mas eu não conseguia me anular o suficiente para não sofrer mais. A anestesia não estava completa. Seguia lutando contra a névoa que avançava, que vinha me envolver. Às vezes, meus olhos ficavam molhados e minha garganta apertada. Cada segundo, interminável, terrivelmente longo, trazia consigo uma ameaça.

Eu sobrevivia de medo em medo. Ele se escondia durante o dia e surgia, implacável, à noite. Quando já estava na cama, as imagens horríveis voltavam e me atormentavam com toda a sua violência. Não adiantava me esconder, fechar os olhos, gritar «não!» com todas as minhas forças; meu passado me perseguia, me sufocava. Meu pai, minha falsa mãe, a escadaria do porão, o fila dos abandonados, o «não somos bonitos» de Christian, a consciência de «não sermos bonitos», o sim mentiroso daquela mulher que se transformara, não em minha mãe, mas naquele hospício horroroso no final da avenida arborizada.

Todas as noites esses monstros voltavam, pulavam na minha garganta e me acordavam. Ainda hoje esbarro em minha memória dolorosa.

Não sou louco. Essa certeza, dentro de mim, me salvou da demência. Minha única loucura é ser filho do mundo dos homens. Sonhava apenas com um beijo, com um abraço. Tudo o que eu queria era uma mão acariciando a minha e a ternura de um olhar sorridente. Na minha cabeça, andava em câmera lenta, ouvia uma voz doce e mansa, um sussurro de amor. Queria tanto acreditar que mamãe viria me buscar...

O delírio era tamanho que também me convencia de que meu pai iria mudar. Ele não beberia mais, seria legal; e, assim, poderia chamá-lo de papai. Ele não me olharia mais com aqueles olhos tempestuosos, mas com olhos primaveris. Precisava tanto acreditar... No entanto, milagres só acontecem aos outros. De qualquer forma, minha loucura estava pronta para apagar as feridas da vida, para ousar sonhar o impossível.

É minha esperança que é louca, doutor, não minha cabeça.

As crianças abandonadas e internadas, como eu, mantêm essa esperança: acreditam em milagres. Afirmam: «Nossos pais virão nos buscar». E é verdade, estavam certas. Um dia, um belo dia, um homem e uma mulher vinham buscá-las. Como é lindo ver irmãos e irmãs indo embora com uma família.

Certa manhã, após nove meses de internação, fui levado ao novo psiquiatra. Um homem alto, bem-apessoado e elegantemente vestido. Olhou-me com ternura e pediu que eu me sentasse diante de uma mesinha. Entregou-me um quebra-cabeças e me incentivou a montá-lo, o que consegui sem dificuldades. Fez umas perguntas estranhas que pareciam enigmas. Respondi — achei todas fáceis. Enquanto ele continuava o interrogatório, comecei a desenhar, e depois ofereci a ele o meu esboço. Surpreso, ele ficou me observando com atenção. Expliquei que o desenho é minha linguagem secreta. Quando desenho, entro no mundo da beleza e da liberdade. Esqueço a indiferença e o desprezo e penso na alegria de fazer as pessoas sorrirem.

O psiquiatra olhou meu desenho e me deu um tapinha na cabeça, dizendo:

— Você é inteligente e muito bom nisso. Continue assim, rapaz. Continue desenhando.

Ele abriu um sorriso largo e tocou a campainha. Um senhor entrou, e o médico perguntou a ele:

— O que esse menino está fazendo aqui? Ele está ótimo!

O outro ficou sem resposta, ao que o médico encerra:

— Adeus, meu jovem!

Antes de sair, beliscando suavemente a minha bochecha, me disse:

— Você não está doente. Está muito bem. Continue desenhando.

Eu não quero sair dali.

Nove meses antes, um médico que me examinara só por alguns instantes determinara que eu era louco, uma pessoa perturbada, anormal. Agora, nove meses depois, outro médico me olha, me examina e diz que estou muito bem. O primeiro preenchera o relatório sem olhar. O segundo me cumprimentou, me questionou com delicadeza e atenção. Tentou ver um pouco além da minha aparência. Aquele homem me libertou não só do manicômio, mas também de outra prisão, aquela interior.

Não me dei conta, imediatamente, do que acontecera. Fui para o dormitório buscar algumas coisas. Um enfermeiro me pediu para segui-lo, e entrei com ele em uma ambulância. Saímos pela rua a toda velocidade, com a sirene tocando como se eu estivesse gravemente ferido.

Paramos em um abrigo público. Uma senhora me deu uma ordem:

— Coloque o dedo neste mata-borrão, pressione com força e depois ponha o dedo aqui.

Deixei a marca num livro. Aqui estou. Não sou mais apenas um número, agora sou um dedo. A humanidade progride! É possível alterar um número, não uma impressão digital. Trata-se de uma cópia única. Mesmo assim, durante anos, jamais fui chamado pelo nome — apenas pelo meu número de matrícula.

# 9 ANOS: AS GARRAS DA FAZENDEIRA

S omos quatro do abrigo público a morar com uma fazendeira. Ela nos acolhe pelo dinheiro. Trata-se de uma mulher má, gananciosa e feia. Um dragão com cabelos pegajosos e um coque oleoso. Uma bruxa má cujas botas tenho de polir todas as manhãs. Eu a detesto com todo o meu coração, com toda a minha alma, especialmente porque eu ansiava loucamente por seu amor.

A bruxa me obrigava a alimentar os animais à noite e a lustrar os móveis pela manhã. Essas exigências me impediam de fazer os deveres de casa, o que gerava uma enxurrada de notas ruins na escola — que, por sua vez, geravam uma enxurrada de bofetadas e espancamentos. Era um círculo vicioso. Gritos na escola, gritos em casa.

Sua tortura favorita era me forçar a andar descalço na vala das urtigas, uma trincheira que circunda um campo próximo, repetindo frases tolas, como: «As vacas devem ser ordenhadas uma de cada vez»; «não se pode tratar de qualquer jeito alguém da mesma idade», quando havia acabado de chamar um dos meus companheiros, três meses mais novo, de «você»...

O que mais me revoltava naquela mulher imunda era ela se autode-nominar cristã. A ignorante me proibia de comer carne e ovos, alegando que eu não era batizado. Pelo mesmo motivo, a «suíça», guarda-costas da Igreja que desfilava com fantasia carnavalesca durante as cerimônias, vigiava-me na Missa dominical para me obrigar a baixar os olhos e não ver a hóstia quando da consagração.

— Você não é digno disso — falou, certo dia. Eu curvava a cabeça e me imaginava dando-lhe um chute no traseiro... Pelo menos os coroinhas teriam um bom motivo para tocar os sinos.

Minha patroa cruel me arrasta para a igreja. Não para encontrar-me com Deus, mas para polir os bancos e pisos. Ela é obcecada por limpeza: «Tudo deve brilhar!». Era uma maníaca por cera.

Eu vivia com fome. Era tanta fome que certa manhã, enquanto encerava o chão, aproveitei que estava sozinho naquele templo úmido do campo e abri o tabernáculo. Destampei um vaso dourado, peguei as rodelas brancas e comi. Esvaziei tudo. Entupi-me de hóstias.

Mais tarde, por meio de pessoas da comunidade, fiquei sabendo que as hóstias estavam consagradas. Descobri que, sob a aparência de pão redondo, cada uma delas ocultava toda a humanidade e toda a divindade de Jesus Cristo, o homem-Deus que veio ao encontro dos homens. Naquele arroubo de criança faminta, tinha acabado de fazer o que chamam de primeira comunhão. Nada sabia sobre esse mistério, sobre o pecado da gula e sobre o que algumas pessoas classificam como blasfêmia.

Alimentei-me de Cristo sem saber, e esse sacrilégio inocente sem dúvida me veio anunciar outra fome: a deste Deus que era o único que poderia curar as feridas do amor e encher o coração do homem.

Esvaziei os vasos sagrados do seu conteúdo e depois a reserva da sacristia. Foi um banquete.

Ao meio-dia, ao voltar para a fazenda, meus companheiros de martírio já estavam à mesa. As minhas mãos estavam tão frias que eu nem conseguia segurar o garfo. Então, a rabugenta tirou o prato de mim.

— Se não quer comer, pior pra você! Vai ficar com fome...

Mais uma tarde de barriga vazia. Não aguentava mais isso. O pão de Deus não pesava muito no meu estômago vazio. E quando o pároco veio jantar com a minha dona? Ele me passou um sermão.

—Lembre-se de que você não foi batizado, meu menino... Se morrer, não poderemos enterrá-lo no cemitério dos homens. Teremos de enterrá-lo com os animais!

## 9 ANOS: AS GARRAS DA FAZENDEIRA

Bem, padre, está decidido: prefiro ser enterrado com os animais do que com os cristãos. Os animais pelo menos são simpáticos.

Recuso-me a entrar na Igreja desta megera católica que me faz viver no inferno em vez do paraíso.

Num outro dia, a assistente social apareceu para uma inspeção-surpresa. A minha patroa disse que eu não estava — ouvi a víbora através das ripas de madeira, enquanto limpava o chão do segundo andar. Desci, era a minha chance. Esperava que a oficial descobrisse que a megera estava mentindo, que descobrisse que algo estava errado naquela tenda da infelicidade, mas a fazendeira hipócrita me flagrou no pé da escada.

— Ó, querido Philippe! Você estava aí? Eu não sabia. Diga para essa moça o quanto é feliz aqui!

Todas as manhãs, encero a casa como ela pede, com todo o coração. Dou o melhor de mim neste gesto repetitivo, apenas esperando um olhar de agradecimento, uma palavra: «Que bonito que está ficando!». Se aquela mulher tivesse dito uma vez, uma única vez: «Bravo, que lindo!», acho que, apesar de sua crueldade, poderia ter afirmado: «Sim, sou feliz aqui». Mas ela nunca me deu nada além de desprezo.

— Diga, Philippe, você não está feliz?

A megera pressionou o meu ombro com força e me beliscou discretamente. Passei a crer que as assistentes sociais tinham cocô nos olhos. Não respondi nada. Retornei pela escada, degrau por degrau, com lágrimas de ódio correndo silenciosamente pelo meu rosto.

A megera mostra o outro andar para a assistente social.

— Veja, aqui estão os dois quartos; cada um tem a própria cama.

Eu queria gritar:

— Não dê ouvidos a ela, essa megera está mentindo, mentindo! Nós não dormimos aí, esses quartos existem só para ela receber a pensão do governo! Nós dormimos no celeiro, no meio das palhas!

Queria gritar tudo isso e muitas outras coisas. Mas ninguém acreditaria em mim... E eu já estava muito cansado.

Um mês antes, havia tentado acabar com a minha vida me atirando de uma enorme pilha de madeira numa floresta próxima. Um lenhador morrera assim acidentalmente, e sua morte me inspirara essa ideia. Então, no topo desta pirâmide de madeira, balancei o corpo na esperança de apagar no fim da queda, mas só consegui hematomas, dores e arranhões.

No dia 9 de agosto, meu aniversário, resolvi tentar de novo. Desta vez, de forma definitiva. Tudo isso dói demais. Já chega. Enxaquecas terríveis retorcem minha cabeça — será que é fome? E todas as pancadas recebidas... Já estava farto de sofrimento, não queria mais sofrer.

Na noite do meu aniversário, levantei-me, fui ao banheiro nos fundos do quintal, amarrei uma corda no poste da estrutura, subi no vaso e me lancei sem hesitação.

O nó apertou em volta do meu pescoço, me estrangulou, e cheguei a ouvir um *crac* bem alto. Mas a estrutura corroída por cupins desmorona. As telhas caem na minha cabeça. Fiquei lá, chorando, sentado sobre aquele monte de entulho.

Definitivamente, falta-me tudo. Nem a morte me quer! Naquela noite, eu fazia nove anos e estava mesmo em apuros...

Poucos dias depois, a megera me empurrou violentamente sobre a quina da cama de metal enquanto eu varria seu quarto. A dor foi insuportável, deixando o meu braço paralisado. Depois ela me obrigou a lavar a louça, repetindo: «Não está doendo, não está doendo...».

Doía cada vez mais.

No dia seguinte, ela foi obrigada a me levar ao hospital. Diante daquele braço quebrado, meio amarelo, meio preto, os médicos me questionaram. Relatei o incidente. Eles insistiram nos detalhes e acabei admitindo o abuso da fazendeira.

A equipe médica soou o alarme dos serviços sociais.

Uma investigação se seguiu imediatamente.

Os meninos da aldeia testemunharam que eu sempre reclamava de fome e que sofria de cólicas estomacais e dores de cabeça.

Fui retirado daquela fazenda pouco antes de tentar, pela terceira vez, dar fim à minha vida para sair daquele inferno.

Uma senhora bastante rechonchuda, com um bigodinho e rabo de cavalo, veio me buscar. Saímos de carro. Dirigimos em silêncio por uma hora pelo campo. Após cerca de sessenta quilômetros, entramos em um pátio lamacento. Outra fazenda. Cruzo os dedos. Estacionamos perto de uma enorme pilha de esterco. Com medo de escorregar, a assistente social anda a passos curtos, tapando o nariz.

## 9 ANOS: AS GARRAS DA FAZENDEIRA

As fezes já não me incomodavam mais depois do asilo, da clínica dos loucos e da fazenda da megera.

Uma senhora com um lenço na cabeça nos dava as boas-vindas. A assistente social olhou para mim e disse:

— Pronto, agora você vai morar aqui. E vai ficar bem.

As duas senhoras conversaram em voz baixa. Ouvi os ruídos da fazenda: *cocoricó, oinc-oinc, pocotó-pocotó*... Então, a assistente social foi embora e a senhora me levou para uma cozinha escura, mas que tinha um cheiro muito bom, e me perguntou:

— Você está com fome ou com sede? Quer alguma coisa?

Não respondi, fiquei na defensiva. Será uma nova bruxa?

— O gato comeu a sua língua?

Permaneci em silêncio. De repente, um homenzinho muito bronzeado chegou na cozinha. Tinha uma boina na cabeça, uma ponta de cigarro pendurada no canto da boca, e parecia gentil. Ele sorriu para mim:

— Ah, aí está você!

Parecia estar esperando por mim há muito tempo. Era o marido da fazendeira.

A mulher me serviu um prato de sopa, acrescentando:

— Você pode dizer: «Obrigado, mamãe».

Silêncio total. Fiquei bloqueado. Recusei-me. Como chamar de mamãe uma senhora que não é minha mãe? Só temos uma mãe, e é para a vida toda. Eu nem toquei na sopa. Já o homenzinho esvaziava o prato fazendo ruídos com a boca.

Em seguida, visitamos a casa e meu quarto, no andar de cima.

— Aqui, você está em casa.

Volto para a cozinha, ainda em silêncio. O homenzinho simplesmente me diz:

— Filho, você vem?

Segui-o até lá fora. Pegamos um trator laranja sem capota. Ele me convidou para sentar à sua esquerda, no assento de metal. Olhou para mim e percebi que seus olhos brilhavam. Parecia feliz.

— Tudo bem, pio? Vamos...

Pio, em *chtimi*[4], significa «pequeno». Descobri isso mais tarde. Naquele momento, só consegui sentir que havia amor por trás dessa palavra.

Atravessamos a aldeia no trator. O fazendeiro acenava para todos como se fosse um presidente subindo a Champs-Élysées no 14 de julho. Estou orgulhoso e ao mesmo tempo não muito seguro naquela máquina que saltava em cada solavanco. Agarrava-me ao meu assento. Fomos cumprimentar a vovó Charlotte e, depois, o tio Georges, irmão de sua esposa. Todos alegres e muito simpáticos. Meu pai adotivo, cujo nome é Gaby, me apresentava com entusiasmo: «Aqui está o pio que fomos procurar na cidade... Aqui está o nosso pio...».

Como ele tinha muita sede, parávamos para tomar um café aqui, um café ali, sempre com muito bom humor e muitas conversas. Todos naquela aldeia pareciam se dar bem.

De volta à fazenda fomos visitar as vacas, depois os porcos — seus grunhidos me assustavam —, os coelhos, as galinhas, os patos moscovitas, reconhecíveis por suas protuberâncias carmesins, as galinhas-d'angola e os perus.

— Pio, venha ver o bezerrinho — disse meu novo pai.

Ele misturou leite em pó e água num balde. Depois, mergulhou os dedos na mistura e os enfiou na boca do bezerrinho preto e branco, deitado na palha.

— Olha, meu pio: você coloca a mão na boca dele, faz cócegas nele e ele chupa.

Tentei imitá-lo. O bezerrinho chupou meus dedos. E ele ficou comovido com seus grandes olhos suplicantes.

Depois de ordenhar as vacas, voltamos para casa. Já era noite. Tinha acabado de fazer nove anos e tinha muito medo do escuro. Os sinos da vila então tocavam forte. Fiquei apavorado. «Sim, alguém morreu», disse meu novo pai. A noite é um túnel onde sinos lúgubres tocam. A volta não foi alegre como a ida. O sr. Gaby percebeu o meu medo e me deu um tapinha na coxa.

— Não se preocupe. Eu estou aqui, meu pio.

Seu gesto e suas palavras me tranquilizam.

---

4 Língua picarda falada em Nord-Pas-de-Calais e na Picardia, bem como em partes da Bélgica. [N. T.]

De repente, a casa surge das sombras com as janelas abertas.

— Pio, venha lavar as mãos.

Meu pai adotivo, como o chamam os assistentes sociais, me entregou o sabonete. Ele continuava equilibrando a ponta do cigarro no lábio inferior. Quando tira a boina revela, para minha surpresa, uma careca quase branca no topo da cabeça.

À mesa, sentei-me ao lado dele, orgulhoso. Ele leu o jornal com rapidez, olhando furtivamente em minha direção. Eu *existia* para ele. Minha nova mãe também me olhava com seus olhos brilhantes e estreitos. Era um olhar benevolente. Faltavam-lhe alguns dentes. Ela me intimidava com o lenço na cabeça, suas bochechas vermelhas e suas mãos rudes. Serviu a sopa em grandes pratos fundos. Sobre a mesa, um quarto prato ficou vazio, sem dono. Questionava-me sobre esse mistério quando chegou uma menina jovem, de estatura mediana, cabelos na altura dos ombros, morena, rosto grande e olhar gentil. Era a filha deles, Françoise. Ela me deu um olá, olhando-me nos olhos, com segurança. A refeição é requintada. Sentia com prazer todos os perfumes daquela cozinha.

Françoise, minha nova irmã, estudava em casa. Seu quarto era próximo ao meu, e depois do jantar fui explorá-lo em segredo. Em sua escrivaninha, sob um pano de prato, descobri um mil-folhas gigante. O bolo era tão apetitoso que não resisti: mordi sem cerimônia. Ela me surpreendeu ainda com a boca cheia e me deu uma bronca, mas de forma muito gentil. Eu tinha acabado de devorar o bolo que fora cuidadosamente preparado para um concurso! Ela merecia vencê-lo, só eu sei!

Seu pai riu, mas sua mãe ficou preocupada, perguntando-me se eu não ficaria doente de indigestão. Meu pai adotivo a tranquilizou, dizendo:

— Nosso pio é robusto como um turco. Poderia engolir uma bigorna!

Não sei o que é um turco, mas sempre gostei de que ele me chamasse de «nosso pio».

E dizer que, poucos dias antes, eu queria morrer...

Dormi de estômago cheio, lambendo os beiços, sem sonhos tristes, pensando no meu amigo bezerrinho preto e branco e, principalmente, naquele homem que me chamava, pela primeira vez na vida, de «meu pequenino». A quem, no dia seguinte, eu chamaria de papai.

# 10 ANOS:
## FELICIDADE
## EM CHAMAS

Na manhã seguinte à minha chegada na fazenda do papai Gaby, parti a pé para a escola com uma mochila nova nas costas.

Sou o mais alto, o maior da classe, com uma bela cabeça de diferença. A minha, raspada e amassada, é bastante perceptível. Por causa do meu tamanho, a professora me colocou no ensino fundamental. Apesar de ter nove anos, fora à escola apenas quinze dias na minha vida. Eu só sabia ler as horas. Era um poço de ignorância, mas estava saltando duas classes.

Certa manhã, aquela mulher comprida e seca me pediu para ir ao quadro-negro e copiar o ditado. Sem saber escrever, desenhava o que ela lia lentamente: um cavalo, uma carroça e um homem que se parecia com papai Gaby. A classe toda ria na frente do meu afresco. A professora achou que eu estava fazendo piada. Veio furiosa e puxou a minha orelha direita. Ai! A orelha era minha obra-prima em perigo. Estremeci de dor. Ela gritou comigo; eu já tinha me tornado insensível aos gritos e tivera de desenvolver uma técnica de proteção pessoal com meu pai: enrolava-me como um novelo bem no fundo de mim, como um ouriço, e esperava a tempestade passar. Essa resistência passiva despertou ainda mais sua raiva. Ela gritou, me agarrando:

— Tire a blusa e ponha do avesso, seu burro!

Então ela me deu um chapéu engraçado com duas pontas em forma de orelhas. Achei realmente engraçado. Ela me mandou escrever na lousa: «Eu sou burro». Eu não sabia fazer isso, e ela pensou que eu estivesse zombando dela. Tremendo de raiva, ela mesma escreveu numa lousinha e pendurou nas minhas costas, fazendo-me andar com aquilo pela escola durante o recreio. Os outros zombavam, riam, apontavam o dedo para mim. Divertiam-se com a situação... Então, compreendi que aquilo não era uma brincadeira e que o objetivo era me humilhar.

Daquele dia em diante, a escola me parecia uma besteira monstruosa. Odiava aquela professora que exigia coisas que eu não sabia fazer e me punia por isso. Ela jamais tentou me explicar, compartilhar seus conhecimentos, nem mesmo me fazer querer aprender. Nunca tinha a humildade de se desculpar, mesmo quando estava errada.

Certa noite quis me vingar. Fiz um crânio com uma batata doce. Foi fácil: colei fios de milho para fazer os cabelos, duas bolas de carvão no lugar dos olhos, um osso de peru para a boca, e prendi a máscara em

cima de um bastão. Esperei a noite chegar com um amigo. Nos esguei-
ramos até a casa dela e bati na janela. Quando se aproximou, ela viu
o nosso crânio balançando, com um sorrisinho de escárnio. Acho que
foi o maior susto da sua vida! Ela desmaiou; e não fiquei arrependido.

Enfim chegaram as férias, cheias de corridas no campo, de sol, de
risos. Acordava com o galo cantando e, depois de um bom chocolate
cremoso, saía com papai Gaby, no trator, para ordenhar as vacas. Com
um olhar de cumplicidade, sentíamos o cheiro do campo que despertava
sob o orvalho.

Dizem que ordenhar vaca é fácil, basta apertar o úbere. Mas Marga-
rita é, antes de tudo, temperamental. Certa manhã, com um movimento
do traseiro, ela me derrubou do meu banquinho, me fazendo rolar por
cima de uma mistura de esterco e leite derramado. Papai Gaby deu
uma boa gargalhada:

— Ei, pio, você nasceu pra isso!

Ele terminou de enrolar um cigarro com esmero, prendeu-o atrás
da orelha, onde o deixou por horas, depois pegou seu banquinho e me
apresentou pacientemente à delicada arte da ordenha.

— Olha, pio, tem de ser assim... delicado, sem força, e de forma
contínua, principalmente com a Rita, que tem um problema na teta.
Ela é linda e sempre nos dá novilhas maravilhosas, não é, Rita?

Ele acaricia o animal. A vaca me encara com seu olhar suave e triste,
que me comove.

Papai Gaby trata suas vacas com ternura e afeição paternal. Leva-
mos os jarros de leite de volta para a fazenda antes de alimentarmos os
duzentos javalis. O estrume fumega, os pombos arrulham... enfim, a
ordem reina sobre a terra onde as sementes germinam. Minhas feridas
de amor estão, aos poucos, cicatrizando.

Certo dia, uma polonesa produtora de beterrabas me deu um cachorrinho preto minúsculo. Não me atrevi a contar ao papai Gaby;
escondi meu amado cachorrinho no chiqueiro. Confiei-o a uma porca,
uma boa mãe, que cuidava dele como se fosse seu. Certa manhã, no
café, papai Gaby declarou solenemente:

— Colette, a porca teve um leitão cor de carvão, e teremos de matá-lo.

Estava em apuros, com o coração apertado. Com o canto da boca
ainda sujo de chocolate, gaguejei:

— Não, não, não o mate... Ele não é um porco anormal! Ele é... é... É um bode!

Riram muito de mim. Estavam seguindo os meus passos havia alguns dias.

— Não se preocupe, pio, não vamos tocar no seu cachorrinho! Por que você não nos contou? Um animal a mais, um a menos, sabe?

Eu os beijei!

Durante anos, a dor se unira à feiura para mim. Mas naquela fazenda descobri a felicidade, irmã da beleza. Tudo era verdadeiro e bom, tanto os animais quanto os homens. Papai Gaby nunca foi perfeito, um modelo de catálogo, mas era lindo de coração, um coração que ele abria pra mim.

Estava feliz. Cada vez mais apegado a meu novo pai. Juntos, saudávamos os poloneses e os iugoslavos que vinham colher beterrabas. Depois, íamos visitar o ferreiro que estava cuidando dos cavalos do tio Georges. Ele também construía reboques e consertava carretas de caminhão. Eu ficava contemplando, fascinado, aquele atleta de braços enormes, envolto em seu avental de couro. Ficava na sua toca escura, como em uma caverna, diante de uma bigorna maciça, golpeando o metal avermelhado numa cadência ritmada, exalando o fole com sua testa suada. Aquele homem com gestos de artista parecia-me todo-poderoso: ele domava os animais, moldava o ferro e dominava o fogo. Nas pinças, as peças ganhavam forma a cada martelada e rugido. Então, depois de imersos no tanque, saindo do meio de uma nuvem de vapor, tornavam-se objetos únicos.

Também tinha o guarda rural que batia seu tambor na praça da igreja, em frente ao memorial de guerra. Com uma voz teatral, ele anunciava um corte temporário de água ou eletricidade; a chegada do mercador de peles de coelho, alguma estrada bloqueada, a Festa da Colheita, para a qual transformávamos as carretas dos tratores em carros alegóricos floridos. Depois dos anúncios, o guarda ia tomar um café no centro.

O ano culmina com a colheita. Enchíamos as carretas com grãos de trigo e partíamos em procissão até a cooperativa. Ficava intoxicado com o doce aroma de trigo quente e, depois, impressionado com a chuva de trigo dourada que ia enchendo o silo.

Recolhiam a palha com a forquilha. Os homens se divertiam carregando os fardos para o reboque. Suando, eles os jogavam com um golpe de quadril, gritando «ah!» como os arremessadores de peso. Toda a carga seguia lentamente para os hangares. Meu novo pai era um dos que mais trabalhavam. Eu o admiro, ele é magnífico.

Naquele verão, ele me ensinou a dirigir trator. Fiquei tão feliz e orgulhoso que me atrapalhei todo: engatei a marcha à ré sem querer e bati na porta do porão da vovó Charlotte. A porta ficou destruída com o impacto, e foi por pouco que escapamos de um acidente mais sério. Um pneu do trator furou e papai Gaby ficou preocupado, mas não me culpou: «Da próxima vez você saberá qual é a marcha à ré!» Ele tirava proveito dos meus erros para me ensinar, ao contrário da professora...

Começava a sentir a felicidade de ser amado. E também a acreditar que aquilo tudo poderia durar.

Porém, certa manhã de agosto, Paulo, sobrinho de papai Gaby e Colette, me propôs construir uma cabana de palha no galpão da fazenda. Ele era uns dois anos mais velho do que eu, e nós nos dávamos bem. Encontramos algumas velas, e Paulo resolveu acendê-las. Ficou tudo muito lindo. Mas o fogo acabou pegando na palha e espalhou-se rapidamente. Não tínhamos nos dado conta do perigo. Tentamos apagar, mas já era tarde. Só deu tempo de tirar as vacas que mugiam assustadas. O fogo foi aumentando e engolindo tudo, e, em poucos minutos, o galpão se transformou numa tocha gigantesca. Paulo fugiu. Eu fiquei sozinho diante do incêndio, dos redemoinhos de fumaça, daquelas chamas desgovernadas. Estava muito assustado e saí correndo sem rumo, muito triste, sentindo que minha felicidade estava queimando com aquele galpão.

Durante todo o dia, andei ao acaso pelas estradas e pelos campos. Meu coração estava dilacerado e meu rosto, devastado por lágrimas de raiva e desolação.

Os policiais me acharam no final da tarde. Eles me levaram de volta para a fazenda. Estava muito encrencado. Papai Gaby não estava nada bem. Sentia-me mal por ver que ele evitava me olhar. O rosto de Colette estava totalmente imóvel — ela não ousava dizer nada, mas acabou deixando escapar:

— Estão vindo te buscar!

Essas palavras soaram como uma sentença de morte. Ela nunca iria me perdoar, eu sabia. Tentei me explicar em vão. Eles nem me ouviram. Meu destino já estava traçado, e a decisão era definitiva. Entendo que Paulo havia colocado toda a culpa em mim. A palavra de uma criança abandonada não tem muito valor. Eu era um criminoso sem direito à defesa.

Uma criança que surge do nada e não pertence a ninguém está sempre errada, especialmente quando as coisas se complicam.

Não tinha outra saída. Iria embora da fazenda, iria perder o papai Gaby. Essa ideia era insuportável para mim.

# 11 ANOS:
## NA CASA DE CORREÇÃO, ALA DOS "CARAS DURÕES"

Na mesma noite do incêndio, uma assistente social veio me buscar. Não houve despedida. Não queria deixar papai Gaby, nem ele queria me deixar. Ele tinha se apegado a mim, eu sei. Nós nos domamos um ao outro. Já não podíamos viver separados. Ele realmente me considerava um filho, e essa separação dilacerou o seu coração. Colette, que na verdade era o homem da casa, impôs-lhe essa decisão cruel, e a vergonha de ter de se sujeitar àquele veredito injusto aumentou ainda mais a sua dor.

Ele não me beijou para não chorar. Permaneceu num canto da cozinha, com o rosto transtornado, a bituca de cigarro no canto da boca e os olhos no chão, como um cão arredio. Colette abrira sua casa para mim, mas não seu coração. Ela também não me beijou. Eu era apenas um pensionista ali. Meu sonho de amor, enfim, desmoronou junto com as paredes daquele galpão, do qual só sobravam restos carbonizados, chapas retorcidas e as cinzas sobre as quais os bombeiros ainda borrifavam água enquanto eu entrava no carro.

Não olhei para trás.

Esta longa jornada foi uma descida para o inferno. Pelo ar fechado e severo da assistente social, podia dizer que estava condenado a um tratamento de choque. Minha imprudência foi interpretada como malícia, e isso era muito injusto. Permanecemos em silêncio durante a viagem. Não queria mostrar meus sentimentos àquela estranha. Quando entrei no pátio da casa de correção de D., perto de La Rochelle, fiquei em pânico. O lugar tinha fama de campo de concentração.

O diretor foi bem direto no seu discurso de boas-vindas:

— É melhor você andar na linha, rapaz! Estamos de olho em você. Aqui não tem lugar para os cabeças-quentes. Quem sai da linha ganha um corretivo.

Rasparam meu cabelo, me vestiram com um macacão azul, o uniforme da prisão, e me levaram ao refeitório. Um educador me empurrou:

— Vá sentar com os outros!

Estava solto na arena com as feras.

Os setenta meninos olhavam para o novato como se este fosse uma mosca prestes a ter as asas arrancadas. Foram cruéis, e não perderam tempo para começar a tortura.

Mal encontro um lugar para sentar e eles me abordam: «Cai fora! Se manda!» Rindo, roubam a carne do meu prato, depois a sobremesa. Aqueles chacais me aterrorizavam, e eu não ousava abrir a boca. O chefe da quadrilha, o primeiro a roubar minha comida, cercou-me com seus cúmplices no corredor. Estrangulou-me com seu cinto e perguntou: «Você se meteu com o meu irmão?» Tento responder, quase sufocado: «Não! Não! Nem sei quem é o seu irmão». Ele me ameaçava e me batia. Isso acontecia todos os dias. Eu tinha medo, passava fome. Não conseguia fazer amigos porque todos estavam contra mim, por medo ou por maldade.

Minha boca quebrada de criança espancada não comove nem os educadores, nem os jovens da minha condição. Não sou gentil com ninguém. A raiva aumenta dentro de mim, mas o medo ainda é mais forte.

Certa noite, ele transborda. Medo, solidão, tristeza, desespero. Choro alto, sufocando a tristeza, apertando o rosto no travesseiro. No dia seguinte, um educador que pensava ser o Charles Bronson lança, no refeitório:

— E então, chorão? Vá em frente! Chore na frente de todos!

Todos riam e acrescentavam:

— É o chorão, o chorão...

Sou pobre demais para ter o direito de chorar. Expressar dor é um luxo que me é negado. Minhas lágrimas não têm nem o direito de aparecer em público. Então, jogo com o meu sofrimento, eu blefo. Fecho as escotilhas do meu coração e, principalmente, as comportas das minhas lágrimas. Luto para não chorar mais. A ponta do nariz arde, a garganta trava e o peito se comprime. Mas funciona.

Acabei transformando meus soluços em raiva, muita raiva. Todo o ódio acumulado contra aquela maldade gratuita e aquela estupidez hedionda tornou-se uma espécie de bola de fogo girando dentro de mim, querendo sair, extravasar. Estava possuído, devorado pelo desejo de destruir toda aquela escória que me assustava e me enojava.

Por três meses consegui suportar ameaças, acusações, vexames, castigos e zombarias sem dizer nada, sem uma palavra, sem uma lágrima.

Um dia, sem aviso prévio, tornei-me o que sempre fui acusado de ser: um cabeça-quente. A bola de ódio escapou. Como de costume, um garotinho estica a mão, com aqueles dedos sujos, para roubar a carne

## 11 ANOS: NA CASA DE CORREÇÃO, ALA DOS "CARAS DURÕES"

do meu prato. Olho para ele com olhos possessos. Sem pensar, espeto a mão dele com o garfo. A criança covarde que eu era se tornou uma besta. Com a mão presa e transpassada pelo garfo, o menino grita. Eu olhava bem nos olhos dele, sem pestanejar, e apertava ainda mais. Ali estava toda a raiva acumulada em cem dias de inferno. Três guardas correram em minha direção. Resisti. Não queria deixar aquele verme escapar. Estava gostando de ouvir os gritos e ver a dor em seus olhos. Sua mão perfurada estava presa no meu prato, como uma borboleta de museu.

Os guardas me bateram e puxaram as minhas roupas, até que, finalmente, conseguiram me fazer soltá-lo. Joguei o corpo para trás para cair em cima do carrinho de sobremesas. Peguei uma concha e arrebentei a cabeça do rapaz que me batera no dia em que chegara. A vingança é um prato que se come frio, às vezes com um garfo ou com uma concha suja de doce. Os guardas me cercaram, me derrubaram no chão e me deram uma surra. Mas aqueles golpes já não me atingiam. Tinha sido vacinado desde a «primeira infância», como se costuma dizer — essa expressão sempre me fez rir.

Quando levantei, estava mal. Meu nariz sangrava. Observava todos com um olhar desafiador. Estava livre. Livre daquela tirania. Livre do medo. Que se dane!

A consequência foi uma promoção imediata. Transferiram-me para a seção D.

D de Difícil de engolir. À noite, aproveitando o meu sono, meus novos companheiros me sufocaram com graxa de sapato. A vingança foi imediata. Enchi dois desentupidores de privada com cocô e tentei sufocá-los. Os guardas vieram correndo. Outra surra.

Minhas barreiras internas tinham se rompido. Recebi um treinamento intensivo em destruição. Tornei-me especialista em destruir. Podia perceber a violência crescendo dentro de mim, como se fosse uma panela de pressão pouco antes de começar a assobiar. Apesar de sentir essa tensão onde quer que ela se manifestasse — nos esportes, nas escadas dos dormitórios ou nos chuveiros —, já não me importava mais se aumentasse até o ponto de explodir. Havia chegado ao limite e não temia mais nada.

No dia seguinte, fui para a solitária. Por um tempo fiquei recebendo surras e reprimendas. Até que chegou o dia de uma nova transferência.

Passaram o problema para a seção C, onde ficavam os caras durões, os indomáveis. Admito que, naquele momento, temia o pior. Mas, para minha surpresa, fui recebido de maneira muito fraterna. Um rapaz de dezenove anos me adotou e passou a me chamar de «irmãozinho». Os guardas, muito calmos e controlados, não favoreciam ninguém.

Com meus doze anos, era o mais novo de um grupo de cerca de vinte meninos de dezoito a vinte. Nenhum santinho. A maioria havia cometido crimes e já tinham tentado fugir várias vezes. Com muita simplicidade, me contavam a história do «mundo» e da «vida». Eu vibrava de admiração diante daquelas cabeças raspadas — meus companheiros mais velhos que eu acreditava estarem à porta da liberdade, sem saber que, quando atingissem a maioridade, muitos deles, em vez de libertos, seriam transferidos da pequena para a grande prisão. Os que tivessem sorte se juntariam à Legião Estrangeira ou talvez aos batalhões disciplinares do exército. Não me importava. Para mim eles eram belos e autênticos. Apesar de violentos, não me acusaram, nem ameaçaram, nem me perseguiram. Ao contrário: me adotaram e me protegeram. Eram meus companheiros, meus irmãos mais velhos de abandono. Ouvia fascinado as histórias de suas aventuras. Reconhecia as feridas, guardava suas memórias e respeitava suas experiências. Até hoje reverencio essa humanidade oculta que eles escondiam debaixo daquelas carcaças rudes. Também descobri que, aos doze anos, já havia experimentado o que um cara de vinte, com uma vida normal, provavelmente jamais enfrentará.

Sou um pouco como um carro sendo empurrado por umas dessas estradas de terra esburacadas. Meu motor está emperrado, algo se quebrou dentro de mim.

A parte mais difícil quando se tem uma péssima infância é ter de parecer maior, mais forte, mais maduro do que realmente se é. É cruel exigir maturidade de quem só tem idade para ser uma criança. Carregar nos ombros o peso da violência diária quando a única coisa que se deseja é a leveza da ternura.

Um dia os policiais trouxeram de volta um adolescente da seção C que tinha fugido havia algumas semanas. Era um cara durão; o mais durão de todos segundo os irmãos mais velhos, que se lembravam dele com medo.

O diretor nos chamou para o campo de futebol. Nós nos alinhamos, como de costume. Diante dos nossos olhos os guardas começam a espancar aquele menino. Era o costume. Ele desabou no chão, e os guardas continuaram a bater. Davam muitos chutes. Correção pública, para dar o exemplo.

— É assim que cuido dos fugitivos. Deixem ele aí! — conclui o diretor diante do corpo inerte, antes de ir embora.

A cerimônia tinha acabado, mas ninguém se atrevia a se mover. Queria ir até ele. Cheguei a dar um passo à frente. Um irmão mais velho me segurou:

— Não, não vá! Você pode se dar muito mal!

Eu não quis saber. Caminhei em direção ao corpo prostrado, ainda no chão, imóvel. Fiquei na frente dele e disse:

— Quando ficar mais velho, farei o que você fez.

O rapaz se moveu e ergueu os olhos para mim. Fixou o olhar e piscou. O céu refletia nos seus olhos azuis. Era um olhar límpido e puro, não o de um fugitivo ou de um covarde. Com o nariz ainda sangrando, ele sussurrou:

— Irmãozinho, nem brinque: eles são mais fortes!

Naquele dia, no fundo do meu coração, esse rapaz se tornou meu herói. Ele se parecia comigo: sem raiz, sem identidade... Tinha apenas alguns anos a mais que eu. Queria superar meu modelo. Olhando aquele nariz quebrado que vertia sangue, decidi que seria mais inteligente e mais forte do que aqueles guardas que o obrigaram a se curvar. Iria desgastá-los ao ponto de vê-los quebrar. Não importava qual fosse o preço, jurei que seria o primeiro a ser expulso de um reformatório. Eis que finalmente havia encontrado um objetivo para minha vida.

Meu destino mudaria por causa de um nariz quebrado, de um irmão espancado.

Não podia chorar nem pedir ajuda. Não tinha a quem pedir ou implorar misericórdia, nem suplicar ao céu. Ninguém me ouvia, nem pensava em me ouvir. Tinha duas soluções: obedecer ao sistema até a destruição final, reduzir-me ao estado de escravo rastejante; ou reagir contra a injustiça e a incompreensão para, finalmente, ser eu mesmo e não viver mais sufocado. Escolhi a rebelião.

O homem pode mudar seu destino? Isso é assunto para um doutorado em filosofia. Uma criança sem família não faz essa pergunta. Ela apenas responde com sua vida, sua raiva e seu desespero. E muda seu destino.

Ousar ser diferente num reformatório é como um estrondo em zona de avalanche: ou vai ou racha. Quem não tem ninguém com quem contar não lamenta quando cai e não tem tempo para chorar: deve levantar e seguir, sem olhar para trás.

Certo dia, já estava farto de entrar na fila todas as manhãs e ficar ouvindo nomes listados para correspondência, uma lista na qual meu nome nunca era chamado. Fulano, uma carta; fulano, um pacote; para você, fulano, duas cartas. Muitos de nós nunca éramos chamados, e por isso resolvi não me iludir mais. Àquela altura, já não tinha como acreditar em milagres. Minha mãe dera no pé; meu pai se esquecera de mim. Não era filho de ninguém.

Até que um dia:

— Guénard, visita para você!

— Piada sem graça...

— Não estou brincando. Tem alguém esperando por você na sala!

De repente, meu coração bateu mais rápido. Já tinha me convencido a não me iludir mais. Mas era mais forte. Queria muito acreditar que minha mãe finalmente tinha voltado... Ela poderia ter se dado conta de que tudo havia sido um erro. Quem sabe tinha se arrependido e voltado para me buscar? Será que minha infelicidade poderia ser tão forte a ponto de mudar o destino de vez em quando?

Empurrei a porta da sala e me surpreendi: era papai Gaby. Não era meu pai. Muito menos a minha mãe, mas meu papai Gaby, cujo galpão de feno eu transformara em uma bola de fogo. Após seis meses de separação, ele não tinha se esquecido de mim. Eu jamais esperava por aquela visita. Estava realmente surpreso. Lembro-me do silêncio entre nós, do olhar benevolente e preocupado de meu pai adotivo. Ele se culpava por ter me abandonado sem me defender, por ter se curvado diante de sua esposa. Era possível ler tudo isso em seus olhos infelizes. Ele não me adotou por medo de que minha mãe ou meu pai um dia me quisessem de volta. E se arrependia amargamente. Sim, eu conseguia ler a tristeza e o remorso em seus olhos. Mas era tarde demais, pai.

Perplexo com os corredores sinistros e os rostos sinistros dos guardas, ele me perguntou:

— Está tudo bem?

Respondi que sim.

O que mais poderia dizer? Que em seis meses me tornara uma fera que sabia usar as presas? Que lamentava não ter mais as viagens de trator, o trabalho no campo, o passeio dos animais, a sopa quentinha, as risadas, o cheiro de esterco, o dourado do trigo, a cumplicidade e a felicidade perfeita? Tudo estava muito longe e muito perto. Um outro mundo, um tesouro de recordações que não queria guardar na memória porque me doía lembrar. Se quisesse sobreviver, tinha de apagar o passado.

O silêncio entre nós era constrangedor. Olhos úmidos, breve despedida. Ele me beijou e me abraçou.

— Vai voltar para me ver, papai Gaby?

— Eu voltarei, meu pio. Eu voltarei!

Observei-o enquanto se afastava e, no fundo, sabia que ele não voltaria mais. Não o culpei. Ele estava mais chateado do que eu. O que ele tinha acabado de vislumbrar do meu mundo deveria ser uma tortura insuportável. Logo ele, o homem que havia me dado a única felicidade na vida. Sentia-me abandonado novamente. Vendo sua figura ligeiramente encurvada diminuir no corredor, agradeci em voz baixa pelo pouco de amor que ele me oferecera.

Obrigado pela sua visita e pelo seu coração, papai Gaby. Não tinha mais nada que você poderia fazer. Você passou muito rápido pela minha vida. Cruzou minha infância como o rio da estação, fertilizando as sementes escondidas sob a crosta do abandono. Largado na vida, enterrei esse tesouro com minha bagagem de filho perdido. Mas você me permitiu provar a felicidade de ser amado. Esta felicidade foi injustamente arrancada de mim. Com sua visita, por mais breve que tenha sido, recobrei as lembranças felizes, às quais não tinha mais direito. Havia aberto meu coração, mas ele fora dilacerado; eu me tornara, então, insensível ao amor. A dor era grande. A melhor maneira de não machucar é não gostar. Será possível, papai Gaby?

Os dias que se seguiram à visita foram uma tortura. Apesar da minha pose de durão, estava destroçado por dentro. Entrei em colapso. Certa noite, querendo acabar com todo aquele sofrimento insuportável, roubei alguns comprimidos da enfermaria e engoli. Não queria mais viver. Logo comecei a me sentir mal e a vomitar. E foi isso que, sem querer, me salvou. O médico me examinou e concluiu:

— Ponha a língua para fora, garoto. Oh, mas que bela dor de garganta!

Dor de garganta? Nem a pau!

O que eu tinha era desgosto de viver num lugar de ódio. Sentia-me impotente para conter as ondas de ressentimento que me abalavam. Culpava minha mãe, por não ter vindo me buscar; e um pai arruinado que me deixara com tantas cicatrizes, pesadelos e medos que me impediam de dormir, bem como muitos reflexos de terror — bastava um adulto tirar um lenço do bolso, ou fazer um gesto inesperado, para que eu protegesse o rosto com as mãos.

Certa tarde, três falsos irmãos sabotaram as instalações do banheiro. Fui imediatamente convocado para a sala do diretor. Ele estava sentado atrás de sua grande mesa; eu, de pé, imóvel, prestando atenção.

— O que é que eu faço com você? Disseram que você destruiu os banheiros e os chuveiros!

Isso não é verdade! Aqueles desgraçados me incriminaram. Mas como não sou um delator, ouvi a acusação sem contestar.

— Guénard, vou te ensinar uma coisa: uma fruta podre, quando não podemos jogar fora, colocamos de lado... Isolamos para que não apodreça as outras. Se você não se comportar, no próximo passo em falso, na próxima confusão, vamos prendê-lo com os cães!

Saí do escritório pensando que gostaria de agradecer o cara que um dia espancasse aquele diretor, um homem que nunca me tratou como ser humano. Ele nunca falou comigo de forma amigável. Sempre se dirigia a mim com ameaças, advertências, sanções. Ele e sua equipe gostavam de assustar as pessoas. Saboreavam o medo que inspiravam.

Mas o medo também inspira o desejo de vingança. Eu sonhava em me vingar. No corredor, os três delatores conversavam com o guarda que pensava ser Charles Bronson. Eram cúmplices. Zombaram de mim quando passei.

À noite, depois do jantar, vieram me importunar. Ignorei. Fiz-me de covarde porque não queria que o diretor me colocasse no canil com os dois pastores alemães. Entrei no chuveiro de roupa e tudo e fiquei lá trancado. Eles passaram parte da noite me incomodando com insultos e humilhações. Minha vontade era sair dali e espancá-los, mas lembrava das ameaças do diretor ecoando em minha cabeça. Sentado como um mendigo na beira do chuveiro, implorei que forças invisíveis, poderes superiores, viessem me ajudar e reparar aquela injustiça. Nada aconteceu. Ninguém veio me defender. Minha cabeça e meu corpo não suportavam mais aquela situação sufocante. O ódio crescia em mim, estourava, explodia...

Saí do chuveiro e arranquei os ganchos de madeira onde pendurávamos as toalhas. Entrei no dormitório furioso, rugindo. Os bastardos dormiam como porcos. Comecei a espancá-los com os ganchos, como costumava bater o trigo na casa do papai Gaby. Enquanto batia, lembrava-me de como eles riam de mim e do meu «nariz achatado», das minhas «orelhas de rato», de como me chamavam. Mas estava disposto a reparar a injustiça. Eles gritavam, o sangue escorria. Estava escuro, e os outros gritavam de medo sem saber ao certo o que estava acontecendo. Eu batia e batia como um louco. Sentia prazer naquela violência. A vingança me dava uma grande satisfação. Que êxtase!

No meio daquela surra, ouvi os guardas avançando pelo corredor. Estavam chegando. Eu sabia que tinha ido longe demais. Mas era tarde para me arrepender. Tinha de fugir; caso contrário, teria de viver num campo de concentração, vigiado por pastores alemães. Essas imagens passavam pela minha cabeça naqueles poucos segundos que ainda tinha. Joguei os ganchos, corri patinando pelo chão ensanguentado e desci as escadas pulando os degraus. Atravessei o pátio como um louco e cheguei diante de uma grande muralha que me cercava. Tinha uns quatro metros de altura, com arame farpado no topo. Sem escolha, precisava dar um jeito de pular.

Ganhei impulso numa corrida louca e naquela noite, pela primeira vez, escalei a grande muralha. O medo dos cachorros turbinou o impulso. Consegui agarrar a cerca de arame farpado no topo da parede e me empurrar para cima. As farpas rasgaram minha mão esquerda. Fui escorregando entre a parede e o arame farpado que prendia a minha perna. Chegou a arrancar a pele. Fui forçando passagem. Não tinha mais como voltar.

Do outro lado do muro, dei sorte de ter um poste de eletricidade que me serviu como escada. Eis que lá estava, no lado bom da liberdade. Estava sangrando, mas não sentia dor. Nada além do medo ardente que revirava o meu estômago. E a raiva se misturava com a alegria de estar do lado certo. Meu coração batia como um sino descompassado.

Corri até cansar. Precisava ficar o mais longe possível do reformatório. Devia ser quatro da manhã, e o alarme soava com intensidade.

Caminhava sem rumo numa paisagem plana. Pouco tempo depois, o dia estava raiando. Era um amanhecer cinzento e sujo. Uma visão nada bonita. Tinha um corte grande na mão, coberto de sangue seco, e a minha perna ardia, ensanguentada. Estava mancando. Sem água para me lavar, fiz xixi na mão para desinfetar. Ardeu muito. Então, rolei na lama, como fazem os javalis feridos.

La Rochelle despertava. Eu assistia, maravilhado, o despertar da princesa. As pessoas tinham cabelos de todos os comprimentos, roupas de todas as cores. Pareciam ir aonde queriam, sem constrangimentos, e até mesmo em direções diferentes umas das outras. Um delicioso bem-estar tomou conta de mim. Sentia a necessidade de compartilhar aquela plenitude encantada. Como não tinha ninguém que me ouvisse, falei ao meu coração, como um poeta. Cantei a liberdade e dei graças por aquela plenitude e por aquele novo mundo cujas portas se abriam diante de mim como as portas, monumentais, da pequena cidade.

Naquele primeiro dia de fuga, 9 de agosto, deitado na grama, fiquei parte da noite contemplando o céu mais estrelado do ano. Estrelas cadentes eram as velas de aniversário mais bonitas que poderia sonhar. Fazia a elas um pedido atrás do outro, enquanto sonhava acordado.

À noite, em Saint-Amour, eu completava doze anos, e a vida, antes uma madrasta, me dava a liberdade de presente.

# 12 ANOS: FUGA E DESGOSTO

erta noite, enquanto fantasiávamos fugas heroicas e aventuras em nosso dormitório, um irmão de reformatório me dissera que poderíamos nos esconder em Paris, por ser uma cidade enorme. Jamais me esqueci disso.

Peguei a estrada. De Charente-Maritime, fui em direção à capital. Seguia principalmente à noite, ao longo das ferrovias, para não ser visto pela polícia. Pensei comigo: «Policiais não devem parar os trens. Então, siga pelos trilhos!» Porém, cada vez que ouvia um zumbido distante, me jogava no fosso. Meu coração quase saía pela boca. Deixava o trem estrondoso passar enquanto recuperava o fôlego.

Ia comendo frutas, amoras e cogumelos — ignorando os venenosos. Também comia sementes de sabugueiro. Por engano, engoli uma espécie de pimenta silvestre. Sem me dar conta, fui aos poucos descobrindo os instintos de sobrevivência seculares dos meus antepassados, aqueles que a cidade e a vida moderna não haviam conseguido extinguir completamente. Sem um mapa, prosseguia de acordo com a minha intuição. Minha única preocupação era encontrar água. Chupar raízes e ervas não era suficiente para matar a sede. Sofria de desidratação, mas não podia me dar ao luxo de bater na porta de alguém e implorar por uma bebida. Já tinha mais de 12 anos, mas ainda não tinha barba na cara. Meu pedido soaria muito estranho para um adulto sensato.

Em Tours, estava morrendo de sede. Já não aguentava mais. Foi quando encontrei um bebedouro no canto da parede de um zoológico. Bebi a água dos animais. Todo mundo sabe que beber cocô dá cólica! Por horas, me contorci de dor, mas sobrevivi à água do zoológico. Aí pensei em pedir carona para acelerar a minha chegada à Cidade Luz.

Depois de duas semanas de fuga, cheguei às portas da imensa cidade. Como todos os turistas, reconheci Paris pela Torre Eiffel que assomava enorme, nobre e altiva. Apaixonei-me por ela imediatamente. A *Dame Girafe* me atraiu de forma irresistível. Andava indiferente pelas ruas tendo ela como guia.

Quando cheguei a seus pés, olhei para ela de cima para baixo, de baixo para cima, incrédulo, meio tonto. Ainda espantado, dei várias voltas ao seu redor. Comecei a conversar com ela, sussurrando palavras doces. Fui andando de costas, olhando para o alto com os olhos cravados naquela estrutura inacreditável, no entrelaçamento de molduras de ferro que formam um caleidoscópio surpreendente, quando trombei com um casal de alemães, também perdidos em sua deriva sonhadora, diante dos ornamentos de vigas que pareciam tocar o céu. Não sei o porquê, não pedi nada, mas o senhor me ofereceu dinheiro. Sorte inesperada! Já fazia muito tempo que havia torrado os cinquenta francos dados por um homem da Ilha de Oléron, por onde fizera um desvio turístico. «Em memória do meu filho...», ele disse, com certa melancolia, «porque ele também estava sem rumo»...

Aos pés da torre, uma senhora vendia ingressos para subir no pescoço da *Dame Girafe*. Comprei um e comecei a subida com a alegria de um pretendente que se junta à sua musa. Cada andar me oferecia uma nova maravilha. Descobri o mundo e me deixei intoxicar por essa liberdade novinha em folha, longe, muito longe da minha infância maculada e abjeta. Havia chegado ao auge da minha vida. Alegrei-me ao descobrir o Campo de Marte, a Escola Militar e, do outro lado do Sena, o Palais de Chaillot e as suas fontes de água.

No segundo andar, voei como uma gaivota, sobrevoei o rio, suas pontes, as ruelas, as mil e uma casas da bela Paris. No topo, a descoberta fascinante de um mundo de formigas lá embaixo e a impressão estimulante de dominar, de reinar, de voar alto, de fugir de minha miséria.

Já não queria deixar minha senhora. Quando tive de sair, porque era hora de fechar, decidi ficar ali por perto. A noite invadia os jardins, e me deitei atrás de um arbusto, em frente ao segundo pilar direito, que dava para a Place du Trocadéro. O ar estava leve, e dormi como uma pessoa abençoada sob as janelas dos edifícios mais caros de Paris.

Acordei cedo e caminhei sem destino até a Escola Militar, ao Latour Maubourg, ao Palácio dos Inválidos, explorando cada rua, cada beco, cada passagem para gravar na memória o que viria a ser os arredores do meu território.

Por dias, arrastei minhas galochas pela vizinhança. As noites estavam ficando mais frias, mais úmidas. Vestia apenas uma camisa de náilon vermelha e estava tremendo. Precisei de cinco dias para redescobrir o gesto que um animal conhece instintivamente e que aprendi com Simla quando adormeci encostado a ele em seu canil: encolher-se, colocando a cabeça quase no meio das pernas.

Depois de algumas noites, fui obrigado a trair a *Dame Girafe*. Estava com muito frio. Precisava encontrar um abrigo, mas onde? Na calada da noite, entrei num bicicletário na avenida Rapp. Dormi algumas horas sanfonado entre as rodas das bicicletas. Mal conseguia me mexer. Na rua, não temos o direito de dormir quando estamos com sono, principalmente um vira-lata de doze anos.

Fui expulso várias vezes pelos donos das bicicletas. «O que você está fazendo aqui, garoto?», diziam os mais gentis. «O que está fazendo aqui, seu delinquente?», diziam os mais rudes. Não discutia com eles e nem queria lhes dar dor de cabeça... Saía meio que ainda dormindo e tentava encontrar outro lugar para deitar. Acabei encontrando um na rua Général Camou. Não existe um guia para se viver nas ruas de graça.

Depois de algumas semanas de experiência, percebi que as pessoas terminavam de guardar suas bicicletas por volta da meia-noite e que o movimento recomeçava somente às cinco da manhã. Tinha, então, cinco horas de paz e sossego para dormir.

Todas as noites, ao adormecer, fazia uma promessa solene a mim mesmo: se um dia tivesse uma casa, ela teria quartos para desabrigados.

Estava morrendo de fome, mas na minha idade não tinha como mendigar. Assim, aprendi a roubar por necessidade. Da primeira vez foi uma garrafa de leite que tinha acabado de ser entregue em uma mercearia da avenida Grenelle. A caixa tinha sido deixada na porta da frente. Eram seis da manhã. Estava indeciso, mas, como um gatinho, rodeei a presa sem ousar colocar-lhe a pata. Só que eu realmente estava com muita fome, então peguei uma garrafa e saí correndo. Tive a impressão de que todos os holofotes de Paris estavam voltados para mim. Senti um frio na barriga, minha espinha gelava. Só fiquei mais tranquilo quando cheguei na Village Suisse: seu labirinto de ruas era perfeito para desaparecer. Foi quando abri o fruto do meu crime e bebi, saboreando aquela alegria desconhecida. Sentia-me andando nas nuvens.

A partir daquele dia, fui um ladrão. Faço minhas incursões em horários fixos para experimentar regularmente aquela curiosa sensação de frio na barriga que dava tempero à minha vida. Acabei ficando viciado em adrenalina. O medo é um inimigo-irmão. Tenho encontro marcado com ele às oito e meia da manhã e, depois, às duas da tarde. Assim como as outras crianças vão para a escola, organizo minhas tarefas de trombadinha.

Os sortudos que têm pais podem cumprimentá-los pela manhã; depois, são recebidos na volta da escola, mesmo que seja por uma babá. Alguns pais vão até o quarto dar-lhes um beijinho de boa-noite. Durante minha bizarra infância, o medo veio substituir a minha mãe. E ele sempre foi fiel a mim, sempre disponível, como uma mãe zelosa. O medo sempre me esperou, me guardou, e eu o reencontrava quando estava preparado para encará-lo. Ele me ensinou a observar e exercitar minha memória. Sem essa droga, a minha vida seria monótona, sem graça e repetitiva. Na ausência de sentido, era preciso ter alguma graça.

A liberdade tem um alto preço.

No começo, é como se fosse um filme na sua cabeça: você descobre um mundo desconhecido, brinca com o proibido e com o medo, se empolga por não viver como os outros. Então os dias passam. O sonho se torna realidade, que nem sempre é cor-de-rosa. Você está com fome, com sede, com sono. Caminha por horas, exausto, com a cabeça cheia de promessas inalcançáveis, as vitrines repletas de tentações. A amargura se insinua de forma quase imperceptível diante de tudo o que você não pode viver e está proibido de ter. Você fica constantemente alerta a fim de escapar das rondas da polícia. Desconfia de todos.

## 12 ANOS: FUGA E DESGOSTO

Tem de cuidar de tudo. Vai se acostumando com o roubo, até que não vê mais graça em roubar. O medo amigo já não o empolga como antes.

Então o conto de fadas vira pesadelo. E é tarde demais: você não quer admitir isso para si mesmo, porque seria preciso coragem. Acima de tudo, você não consegue mais largar essa rotina de dias e horas sem rumo, essa vadiagem que leva para longe do mundo real e que, no meu caso, só tinha uma razão que lhe serviria de justificativa: preferir viver o inferno dessa vida bandida a voltar ao reformatório.

Andei muito enquanto minhas pernas aguentaram. Um dos meus passeios preferidos era ir e voltar da estação Latour Maubourg para a République. Ao cair da noite, retornava aos meus belos aposentos de jovem vagabundo, imaginando que algum homem rico, hospedado num daqueles hotéis luxuosos, desceria as escadas para me encontrar, fazer amizade e me oferecer as delícias de sua suíte. Os dias passavam. As noites também. Os ricos continuavam a festejar em seus palácios iluminados, enquanto eu continuava voltando para meu bicicletário, exausto, me arrastando já quase sem forças...

Mas será que o sonho poderia se tornar realidade? Em um banco do Campo de Marte, um senhor elegante sentou-se ao meu lado e me abordou. Estava vestido com muito bom gosto, com trajes elegantes, tinha mais ou menos sessenta anos e era bem conservado. Isso me inspirou confiança. Falei com ele de coração, não escondi que estava fugindo e sem dinheiro... e que procurava algum trabalho. Ele me respondeu:

— Acho que tenho o que você precisa. Quer ganhar cinquenta francos?

— Claro — respondi, entusiasmado.

— Vem comigo.

Chegamos à rua do Comércio e entramos num prédio antigo. O aspecto degradado da construção me fez pensar que ele iria me oferecer algum trabalho de pintura. Entramos num apartamento escuro.

Lá, aquele cavalheiro muito chique me pediu para me despir. Recusei. Então, ele apontou uma arma para a minha cabeça.

Paralisado, suportei sua violência vil e incompreensível.

Mais tarde, estava na rua novamente, com cinquenta francos no bolso, mas sentindo um nojo imenso. Sentia-me como se estivesse totalmente paralisado.

Não estava nada bem. Queria me lavar, me purificar daquela humilhação. Mas onde poderia me refugiar? Meu coração vomitava lágrimas. O desespero invadia meu ser como uma névoa gelada. Não conseguia nem mais enxergar com clareza. Estava estremecendo em meio à desgraça.

Andei em direção a Passy. Na praça, um show de marionetes reunia o público. Sentindo-me ainda estranho, ausente de mim mesmo, sentei-me em frente à cabana verde, no meio das outras crianças e suas mães. Um dos bonecos brincou comigo:

— Ei, você, que está triste como eu!

Saí correndo, assustado.

Tinha apenas doze anos e alguns meses. Havia acabado de descobrir a perversidade do homem, como ele poderia usar a imaginação para se sujar e degradar seus semelhantes. Senti a garra do mal me penetrar, me vascular. Aquilo fora além do meu corpo; ferira minha alma, um jardim secreto em mim, que ainda estava puro. Preso, paralisado, não pude pedir socorro. No entanto, dentro de mim, lá no fundo onde não há mais palavras, clamei por ajuda. Gritei para um ser todo-poderoso me libertar daquele horror.

Ele não veio.

Ninguém veio.

# 13 ANOS: LADRÃO DE PROSTITUTAS

O estupro me machucou profundamente. Também perturbou minhas ideias sobre o mundo e introduziu a desconfiança onde ainda havia alguma ingenuidade. Minhas esperanças estavam completamente enfraquecidas, abaladas. Eu era apenas uma roseira selvagem, não podada, coberta de espinhos. Gostaria de encontrar um adulto, alguém que pudesse me acolher. Mas não conseguia deixar de pensar que todos os homens deveriam ser como meu pai, como os guardas sádicos do reformatório ou como os estupradores elegantes em bairros chiques. O mundo adulto me parecia um chão que, à primeira vista, parece sólido, mas se mostra apodrecido, carcomido pelos cupins da mentira e do vício.

Continuei a perambular. Não tinha escolha.

Poucas semanas depois do ocorrido, dois jovens de boa aparência me abordaram na avenida Rapp. Convidaram-me para jantar num restaurante na rua Saint-Dominique. Gato escaldado tem medo de água fria. Aceitei o convite porque é impossível estuprar uma criança na mesa de um restaurante; além disso, não se recusa uma refeição quando se está morrendo de fome.

É claro que eu sabia que aqueles caras não eram santos. Contei um pouco sobre meus problemas, e eles me disseram:

— Irmãozinho, venha com a gente. Vamos cuidar de você.

Desconfiei, hesitei, analisei bem os dois. Um não estava mentindo — parecia mesmo direto e honesto. Já o outro... Bem, resolvi ir com eles.

Eles moravam de aluguel num apartamento no boulevard de Latour-Maubourg. Mostraram-me o que seria meu quarto e me desejaram boa-noite. Eles dormiam juntos em outro quarto, o que me deixou mais tranquilo. Mesmo assim me entrincheirei, mas dava para perceber que não era o meu corpo que parecia interessá-los. Ufa! Nada melhor do que dormir numa cama de verdade, com lençóis limpos e cheirosos... Que prazer poder esticar as pernas quando havia quase um ano dormia sanfonado num bicicletário!

Na manhã seguinte, meus dois anjos da guarda batem na porta e gentilmente me acordam.

— Levante-se, irmãozinho!

Relutante, saí daquele ninho aconchegante para tomar um longo banho quente. O café da manhã era farto. Uma maravilha! Estava ansioso para saber o que o dia, bem como aqueles dois tutores que pareciam tão bons, me reservavam.

— Vamos, irmãozinho, vamos comprar roupas decentes para você!

Eles me levam num alfaiate muito chique da vizinhança.

O cara super requisitado tira minhas medidas com uma fita métrica que dispara magicamente de sua mão. Em seguida, traz um novo terno cinza. São três peças com listras brancas finas, uma camisa branquíssima, abotoaduras, uma gravata, um casaco de caxemira com toque sedoso. Não pensei duas vezes em abandonar a minha camisa polo suada, minhas calças imundas. Naquele momento estava me transformando num pequeno senhor. Eles completaram a magia com lindos sapatos polidos e um corte de cabelo muito elegante, feito por um grande cabeleireiro. Nunca tive minha cabeça acariciada com tanta delicadeza.

Meus novos camaradas, Jacquot e Pierrot, pagaram tudo sempre em dinheiro, o que não me surpreendia mais. Aquele dia mágico passou tão rápido quanto o balançar da varinha. Fiquei irreconhecível! Eu me olhava no espelho e não conseguia acreditar no que via. Parecia um lorde inglês. Andava com todo o cuidado, em zigue-zague, para evitar poças e não sujar os meus sapatos de patrão!

— Vamos, irmãozinho, vamos fazer um pouco de turismo!

Um táxi nos levou à Place Blanche. Eles vão me pagar uma noite no Folies-Bergère? O Moulin-Rouge bate suas asas à noite, e o bairro todo iluminado está repleto de gente. Caminhamos até um grande café na avenida Jules Joffrin. Era um lugar escuro, enfumaçado, e a pouca iluminação vinha de alguns pontos de luz. Meus dois camaradas me oferecem uma limonada no bar.

— Você vai nos esperar lá. Temos um compromisso agora.

Foram conversar com alguns caras. Conseguia distinguir rostos que não eram lá muito amigáveis.

Uma hora depois, terminadas as confabulações, voltamos para a casa. Não conseguia adivinhar qual a atividade profissional deles e, sobretudo, qual seria a minha função. Só uma coisa me tranquilizava: eles não eram estupradores de crianças. Então, dormi profundamente.

Na tarde seguinte, quando Jacquot me entregou minha primeira arma, um revólver 765, e me explicou pacientemente sua montagem, desmontagem e manuseio, tive a confirmação de que não eram representantes comerciais. Mas só à noite recebi as instruções para o meu primeiro emprego.

Por volta das dez horas, voltamos para a Place Blanche. Na calçada, eles me instruíram:

— Irmãozinho, espere a gente aqui. Vamos subir para fazer negócios. Deve demorar cinco ou dez minutos, no máximo. Se você vir alguém sair de lá correndo, atire!

Respondi «sim» automaticamente, segurando a pistola no bolso do meu casaco de caxemira.

Jacquot e Pierrot, que também era chamado de «belga», entraram num prédio antigo. Fiquei esperando em frente a um cinema próximo, observando a entrada. Um cara bem estranho se aproximou de mim.

— Venha comigo, eu pago a entrada.

— Não posso, estou esperando alguém.

Fui saindo de perto dele, mas o pervertido veio atrás. Repeti «não», me afastando ainda mais. Ele ficou irritado.

— Cale a boca, veadinho! — ele gritou. — Você não tem porcaria nenhuma pra fazer aqui, então entre comigo agora no cinema!

Ele agarrou meu braço, queria me levar para um canto escuro. Meti a mão no bolso e estava prestes a enfiar meu brinquedinho novo debaixo do nariz dele quando Jacquot e Pierrot saíram.

— Corre, irmãozinho, venha depressa!

Saí correndo sem entender nada, deixando o cara estupefato.

Corremos para a estação de metrô e entramos num dos trens. Fomos recuperando o fôlego enquanto o vagão barulhento partia. Encostado num canto, Pierrot sorriu para mim e disse «vem cá», fazendo um gesto com a mão. Ele abriu o casaco com uma careta e me mostrou a coronha de sua arma. Estava ensanguentada.

— Se liga, irmãozinho — ele sussurra, dando tapinhas nas pernas.

Ele abre o bolso grande e me mostra maços de dinheiro.

— Foi rapidinho, né?— disse, com uma piscadela.

Agarro-me ao corrimão para não cair. Estou perdido. Tudo em minha volta parece girar como um carrossel, minhas pernas balançam.

Agora sei de onde vinha todo aquele dinheiro e qual era o negócio dos meus camaradas. Eles roubam prostitutas. O dinheiro que o belga me mostrou era o que a prostituta havia ganhado no dia, e o sangue na coronha também era dela. Fiquei imaginando o machucado em sua cabeça e fiquei com pena da garota que eles espancaram para roubar o dinheiro.

Às vezes, quando ando por aí e encontro essas irmãs da noite, penso que no futuro me casarei ou com uma virgem ou com uma prostituta. Não gosto do que está no meio. Costumava abordar essas mulheres que vendem seus encantos. O que temos em comum é o trabalho de ficar esperando na calçada. Quando conversávamos, podia sentir seus corações maternos despertando ao conhecerem a minha história. Elas sempre foram gentis e compreensivas comigo. Algumas me ofereciam dinheiro e até acomodação. Acabei me apaixonando por esses pássaros noturnos, essas prisioneiras de mercados negros — a maioria delas tem coração de princesa. São meninas de outros países que chegaram a Paris cheias de sonhos, acreditando que iriam encontrar um príncipe encantado. Como são muito ingênuas, descem rapidamente ao inferno e ficam submissas a um proprietário de escravos inescrupuloso. Algumas têm um ou dois filhos, que ficaram em sua terra natal, com os avós. Elas só podem visitá-los uma vez por mês, porque são reféns de seus cafetões.

## 13 ANOS: LADRÃO DE PROSTITUTAS

— Se você não voltar, mato seu filho — diz o desgraçado. — Ou vou contar a ele e a toda a sua família as suas adoráveis atividades parisienses!

Prisioneiras de suas reputações, as pobrezinhas vão abraçar os filhos às pressas, inventam alguma história para explicar suas ausências, depois voltam para as calçadas com seus corações despedaçados. As rebeldes e fugitivas são enviadas para o norte de Barbés, a fim de servirem trabalhadores imigrantes de baixa renda. As explorações destroem seus corpos e suas almas.

E eu agora me encontro cúmplice desses ladrões de prostitutas!

Também me dei conta de que quase passara dos limites. Se Jacquot e o belga tivessem demorado um pouco mais, eu teria atirado? Talvez... Em poucos segundos minha vida virou de cabeça para baixo.

Jacquot está em silêncio. Sentado em sua cadeira giratória, consegue imaginar o meu estado de espírito? Ele me olha calmo e pensativo e põe a mão em meu ombro.

— Irmãozinho, o que acha de irmos relaxar um pouco no restaurante do Mario? Depois de todas essas emoções, nós merecemos.

Era um restaurante italiano que ficava no 18° distrito de Paris. Sentados à mesa, muitos homens de tipo latino, bem vestidos, com os cabelos penteados para trás e correntes de ouro no pescoço. Tinham um aspecto ameaçador e sempre estavam falando de «negócios». Diziam ser a cantina da máfia, e eu não apostaria no contrário. Mario, o chefe, um cara forte, elegante e jovial, apertou minha mão e disse:

— Sente-se aí, garoto.

Muito paternal, o Mario. Estamos nos fundos da cantina, em uma sala escura e enfumaçada. Uma luz fraca ilumina a mesa de bilhar em torno da qual distribuem-se cinco mesas de jantar. Na parte de trás há uma parede sem janelas em que está pendurado um grande espelho, um banco de couro bege, uma grande mesa e algumas cadeiras de madeira marrom.

Mario se inclina para Jacquot, apontando para mim.

— É seu irmão?

Jacquot me puxa pela gravata e responde que sim, com um olhar.

— Não está colocando o menino cedo demais nesse negócio? — pergunta o chefe.

Silêncio. Pierrot brinca com sua grande navalha. Ele está inquieto. Posso perceber que está incomodado, extremamente nervoso. Suas reações são imprevisíveis.

Mario sempre se dirige a Jacquot, nunca a Pierrot.

O patrão resolve quebrar o silêncio, voltando a falar como se nada tivesse acontecido.

— Tenho um negócio em Sarthe. Trabalho fácil, rentável e garantido. Uma barbada!

Ele estala os dedos e se levanta, convidando Jacquot a segui-lo. Pierrot se levanta para acompanhá-los, mas Mario sinaliza para ele se sentar.

— Não, belga! Você fica! Não deixe o espaguete esfriar!

Pierrot range os dentes, ficou visivelmente zangado. A pressão está aumentando. Um garçom de aparência sinistra enche seu prato, mantendo os olhos nele. Pierrot também o encara. Num instante ele se tornou irreconhecível, se transformou numa besta e partiu para cima do garçom.

Jacquot e Mario vêm correndo e separam os dois homens no chão. Pierrot vomita insultos. Jacquot levanta a voz.

— Já chega! Senta, come e fica quieto!

Pierrot obedeceu. Ele se afunda em um silêncio raivoso.

Mario janta conosco, cheio de consideração por Jacquot e por mim. Mas seu olhar muda imediatamente quando encontra o de Pierrot. Sinto uma desconfiança e uma animosidade secretas em relação ao belga.

A comida estava deliciosa, e Mario ainda me ofereceu uma segunda sobremesa. Quando estava saindo, me deu um tapinha carinhoso na cabeça e sussurrou no meu ouvido:

— Preste atenção, garoto. Só ouça o Jacquot; só confie em Jacquot!

Atravessamos o corredor principal. O garçom, atrás do balcão do bar, seguia nossa saída com um olhar sombrio, com o rosto fechado. Jacquot segurou Pierrot pelo braço. Havia uma atmosfera tempestuosa no ar. Na rua, Pierrot me deu um tapa violento, perguntando:

— O que ele te disse antes de sair, hein, seu bostinha? O que foi que ele disse?

Jacquot o agarrou pelo colarinho e cuspiu em seu rosto:

— Não toque nesse garoto, senão eu te mato! Nunca mais faça isso!

No caminho de volta, o silêncio pesava três toneladas. Fiquei com medo de Pierrot. Ele exalava maldade e violência. Jacquot era diferente, sempre gentil comigo, quase fraterno. Era um homem de coração.

Enquanto Jacquot estava tomando banho, Pierrot me pediu que me aproximasse. Puxou a arma e a colocou na minha cabeça.

— Seu bostinha, sua cabeça vai virar mingau!

Fechei os olhos e pensei: ele vai atirar, a bala vai perfurar meu cérebro e vou morrer. Aquele cara era maluco, capaz de tudo. Cheguei a vê-lo puxar o gatilho. Pensei que era o fim. Então, de olhos fechados, escutei um «clique». Ele começou a rir.

— Sujou as calças, hein? Rá, peguei você, idiota! Até que é corajoso!

Aí ele ficou sério de novo, fechou a cara e empunhou a arma outra vez:

— Olha aqui... Se fizer bobagem, vai morrer. Da próxima vez vai ter uma bala para estourar sua cabeça.

E foi embora.

O ambiente ainda estava cheio de tensão quando Jacquot voltou:

— Gostou da noite, irmãozinho?

Respondi com um sim discreto.

— Mario gostou de você. Ele disse que você tem porte de chefe, mas ainda precisa aprender muitas coisas: obedecer sem questionar e ser fiel a um homem só. O que ele te disse quando estava saindo?

— Para seguir e ouvir somente você.

— Não ligue para o Pierrot. Ele está nervoso porque desertou da Legião Estrangeira. É um bom soldado, mas um pouco maluco.

Naquele dia não fui dormir muito tranquilo. Jacquot me acalmou, mas meu sono era agitado como uma noite tempestuosa. Imagens de sangue, dinheiro, brigas, fugas frenéticas e crânios rachados misturam-se ao olhar afetuoso de Mario, ao macarrão com molho de manjericão e à sobremesa de *chantilly*.

No dia seguinte, estava andando pela vizinhança quando senti alguém tocando o meu ombro. Era Pierrot. Encarou-me cheio de desprezo e raiva. Depois, olhou ao redor, abriu o paletó e sacou seu revólver com silenciador, apontando para um poste a cerca de trinta metros de distância. Pfff! A lâmpada explodiu. O belga guardou o equipamento e me garantiu:

— Ainda vou te matar, moleque!

Virou as costas para mim e saiu cuspindo no chão. A tensão aumentou mais um grau.

# 14. ANOS: GIGOLÔ EM MONTPARNASSE

Certa tarde, Jacquot me levou ao La Coupole, o famoso café do bairro de Montparnasse. Estávamos sozinhos; não sei para onde o belga tinha ido, e isso me tranquilizava. Pela manhã, Jacquot me deu roupas novas e muito chiques, com sapatos de verniz. Sentamos numa das mesas do grande salão, pedimos uma laranjada. Jacquot então me disse:

— Preste atenção no esquema. Você vai vir aqui, vai tomar chá e ler o jornal. Faça exatamente o que eu disser. Você vai pedir um segundo chá, depois a conta. Se o garçom disser que a conta já está paga, você o interrogará discretamente para saber quem pagou. Você dobrará seu jornal e irá até a senhora que ele lhe apontar, agradecendo-a com um aceno de cabeça. Aí, caminhará lentamente em direção à saída, manterá a porta aberta para ela, com um sorriso, esperando-a passar. Depois, irá acompanhá-la até o carro e sairá com ela. Você entendeu?

Respondo que sim, e repito as diferentes etapas da operação. Na verdade, não estava entendendo nada. Qual o objetivo desse «esquema»? Parecia ser o papel de um agente secreto que não cumpriu a missão.

Por que Jacquot quer que eu entre no carro com ela? Não entendi o resto de seu «esquema» e não me atrevo a lhe fazer perguntas.

No dia seguinte, uma sexta-feira à tarde, fui ao La Coupole com um nó no estômago. Vendo a quantidade de mulheres à mesa, percebi rapidamente que eu não era um agente secreto. Jacquot estava sentado a cerca de vinte metros de distância. Ele finge não me conhecer. Pedi um chá e abri o jornal. As páginas escorregam, caem, amassam. Tento reorganizar os cadernos enormes, é um exercício difícil de praticar verticalmente. Aquele *Figaro* parecia estar zombando de mim. Deveria ter praticado no meu quarto, em casa. Estava me sentindo um idiota, imaginando que todos estavam rindo de mim. Envergonhado, vermelho como um pimentão, acabei esquecendo de cuidar das garotas. Bebi um chá, um segundo, um terceiro, um quarto... ainda não tinha me atrevido a perguntar quem estava pagando. Estava com uma vontade louca de fazer xixi, mas não tinha coragem de levantar. Apertei as pernas cada vez mais forte. Após o quinto chá, parecia que eu iria explodir. Não tive escolha: desci o corredor à esquerda rumo ao banheiro.

Jacquot veio atrás de mim. Ele estava furioso.

— Que diabos você está fazendo?

— Ué, isso mesmo que você está vendo... Fazer xixi.

— Estou falando do esquema...

Ele estava muito bravo, por isso não me atrevi a dizer que estava intimidado.

— Acho que é o jornal, estou meio enrolado com ele. Eu deveria ter pego um menor.

— Que se dane o jornal! Volte para aquela mesa agora e peça a conta!

Encabulado, voltei à mesa. O garçom trouxe um sexto chá. Não havia pedido — na verdade, nem aguentava mais tanta água quente e rançosa, ainda que me sentisse um inglês naquele terno novo. O garçom se inclinou para mim e disse, quase sussurrando:

— É aquela senhora ali que está oferecendo a você.

Sorri para o garçom e virei para sorrir para a senhora. Uma feliz surpresa: era uma bela mulher, de mais ou menos cinquenta anos. Loura e bem conservada. Tive sorte, porque poderia ser uma velha feiosa.

Levantei com toda a dignidade e me aproximei, cumprimentando-a. Ela sorriu. Fiz como no roteiro: encaminhei-me para a saída, segurei a porta aberta para ela passar. Depois, segui a mulher até o carro e entrei com ela. Até comecei a me empolgar com a história.

— Para casa, Roger! — ela ordenou ao motorista.

Uma pequena viagem de cerca de vinte minutos, em silêncio, até uma casa soberba localizada nos subúrbios a oeste de Paris.

Pronto, eu me deixei levar...

O fim de semana foi muito agradável. Aquela mulher, em busca de afeto, iniciou-me numa ternura desconhecida, mimando-me como um filho, desfrutando-me como amante.

Na segunda-feira de manhã, o motorista me deixou em Paris, depois de me dar dois mil francos, que correspondem a aproximadamente dois meses de salário. O salário mínimo na época era de oitocentos francos.

Para dizer a verdade, não achei tão desagradáveis os meus primeiros passos na prostituição. Entreguei o dinheiro para Jacquot, que me deu duzentos francos e uma piscadela: «Viu como é fácil!?».

Na verdade, foi fácil e prazeroso... E eu preferia muito mais dar amor a mulheres solitárias a extorquir minhas amigas prostitutas.

Infelizmente, uma coisa não impedia a outra.

Vivi um ano praticando extorsões nas noites durante a semana, bem como experimentando o *glamour* com quatro clientes regulares nos fins de semana e algumas folgas com dias terrivelmente vazios. O dinheiro fluía livremente, mas não trazia nenhuma felicidade. Os dias eram longos demais para mim, e eu invejava as crianças que iam para a escola enquanto eu ficava treinando para desmontar e montar a minha 765 de olhos fechados e sacá-la o mais rápido possível. Jacquot sempre foi muito atencioso comigo. Era um irmão adotivo, mas não um pai.

Nessa época, eu pensava muito em meu pai. Imaginava a silhueta dele na minha mira. Pensava: atiro ou não atiro? Acho que gostaria de vê-lo sofrer um pouco antes de atirar.

Passava os dias de folga nas ruas observando a saída das escolas e todos os gestos de carinho dos pais com os seus pequenos: as mãos que se entrelaçavam, os beijos na bochecha, os abraços no pescoço, as testas e narizes se tocando. Eram sinais de ternura que estilhaçavam meu coração. Eu os imitava, tentando reproduzi-los com minhas clientes, com as senhoras maduras com quem estava aprendendo a ter prazer, a lamentar e a amar. Elas viviam sozinhas, dramaticamente sozinhas em seus palácios dourados, suas gaiolas de luxo mantidas por maridos com braguilhas tão abertas quanto suas carteiras. Eles trocavam as esposas por mulheres mais jovens, com as quais se divertiam nos fins de semana em Saint-Tropez ou Megève.

Sedento de afeto, gostava de dar e receber ternura. Os fins de semana eram para mim uma espécie de bolha de doçura que me permitia esquecer a minha solidão, além de proporcionar uma espécie de resgate de mim mesmo. Jacquot e Pierrot me davam dinheiro, mas isso já não era necessário, pois eu não os servia mais; como um soldado, havia me tornado um membro ativo do bando. Perguntava o preço das meninas na calçada e negociava como se eu fosse um jovem faminto, desesperado por alimento. Subíamos sem que a garota desconfiasse. Jacquot me seguia nas sombras. Ele intervinha antes do início do golpe, enquanto Pierrot assistia lá em embaixo, ou vice-versa.

Era um jogo perigoso. Os cafetões estavam sempre por perto. As reações das meninas eram imprevisíveis. Algumas ficavam desesperadas e gritavam, sem se importar com a chance de tomar um tiro. Outras, bêbadas, tentavam nos bater. Já tinha havido quebra-quebra, tiro, sangue escorrendo... Às vezes eu achava que meus camaradas estavam indo longe demais. Podíamos até mudar de bairro, mas nosso golpe já ficara bastante conhecido. Tanto os cafetões como as meninas estavam bem alertas. Trocávamos os papéis, às vezes, para variar... No entanto, a sensação era de que em algum momento aquilo não ia acabar bem. Muitas vezes as balas zuniam em nossos ouvidos. O fascínio pelo dinheiro, a ganância crescente e a adrenalina amorteciam o bom senso e a prudência.

Às vezes, num piscar de olhos, o desejo de morrer me dominava. Aparecia, assim, do nada, num lampejo de desespero. Ficava esperando uma bala perdida. Aquela vida não estava me levando a lugar algum: mais parecia um beco sem saída. Eu não queria mais participar do sofrimento daquelas meninas. Queria esmagar os cafetões. E também já não suportava mais a violência gratuita de Pierrot. Ele não conseguia parar de bater, ainda que a garota entregasse todo o dinheiro sem dar um pio. Aquele bastardo gostava de bater, e eu queria fazê-lo pagar por todo o seu sadismo.

Começamos a praticar um golpe alternativo: extorquir as garotas cujos cafetões tínhamos mandado para o hospital, estabelecendo um circuito paralelo mais lucrativo para a prostituta: metade para nós, metade para ela. Quando o cafetão voltava, as garotas tinham pelo menos algum dinheiro guardado.

Palpite, intuição? Acho que Jacquot também estava farto de tudo aquilo. Ele não suportava mais o belga, de quem desconfiava cada vez mais, e sei que também tinha pena da maioria das nossas vítimas, pois passou a antecipar o horário das visitas — começávamos por volta das dez da noite —, a fim de que tivessem tempo para se reabastecer antes do amanhecer. No entanto, isso fazia nosso faturamento cair, pois naquele horário ainda não encontrávamos as «caixas registradoras cheias», e isso deixava Pierrot fora de si.

Para acalmar sua fúria, aplicávamos o golpe nos velhos homossexuais da Trocadéro ou nas Tulherias. Jacquot era muito menos terno com eles do que com as meninas. Nossa técnica era mais ou menos a mesma: eu fingia estar desesperado por sexo e entrava no primeiro carro que aparecesse. Assim que o velho pervertido ganhava confiança, eu tirava as chaves da ignição. Então, Jacquot e Pierrot pegavam-no pela janela e faziam-lhe a caridade. Confesso que eu também gostava de bater — me aplacava um sentimento de vingança por ter perdido a pureza com um velho daqueles.

Isso aliviava a minha memória.

Todos os dias vivia aquele circo — todos os dias, exceto nos fins de semana, quando eu mesmo me prostituía com as mulheres ricas de La Coupole.

— Vamos, é hora de tratar de negócios com as suas senhoras — dizia Jacquot, rindo, nas tardes de sexta-feira.

Eu, que das mulheres conhecia apenas as feridas do abandono materno e a severidade de algumas professoras, havia descoberto um pouco de doçura e delicadeza nas minhas senhoras.

Certo dia uma delas me abraçou, acariciou meu rosto e até sussurrou uma frase clássica: «Você tem olhos lindos, sabia?». Ela disse isso com o coração. Foi a primeira vez que recebi um elogio tão bonito de uma mulher.

Eu tinha quatorze anos. E não era minha mãe...

# MUDANDO DE CAMINHO: MEU IRMÃO MAIS VELHO SE VAI

Numa segunda-feira de manhã, em novembro, voltei a Latour--Maubourg depois de um fim de semana com uma boa e gentil companhia... e mais dois mil e quinhentos francos no bolso. Estava feliz em voltar para casa e encontrar Jacquot.

Toquei no apartamento, mas ninguém atendeu. Bati na porta, gritei... e nada. Esperei na escada até meio-dia. Nem sinal de Jacquot ou Pierrot. Fui ao Lucien, restaurante em que sempre almoçávamos. Ninguém tinha visto os dois por ali. Isso era muito estranho. Comecei a ficar preocupado.

À tarde, fui ao Mario. Ele não estava. Ninguém sabia o paradeiro dos meus camaradas. A história estava ficando cada vez mais bizarra. Saí andando do Jules Joffrin ao Latour-Maubourg. Sentia novamente a solidão das minhas primeiras semanas parisienses — desta vez ainda pior, dada a extrema preocupação. Voltei ao apartamento, que ainda estava vazio. E fui outra vez ao Mario. Ufa, que não era nada grave, pois ele se aproximou com um sorriso.

— Ah, aí está o garoto! Estou feliz em vê-lo. Disseram que você veio à tarde. Venha, vamos sentar, temos muito o que conversar.

Sentamos na sala de bilhar e ele acenou para os outros nos deixarem em paz.

— O que você quer beber? Um *diabolo* ou licor de anis?

— Um *diabolo*, por favor, senhor Mario.

Ele sorriu, me deu um tapinha gentil na bochecha e perguntou:

— Deixe desse negócio de senhor... Quando é que você irá me chamar de Mario?

Enquanto o garçom me servia, ele me disse:

— Eu sei que você está procurando o seu irmão Jacquot e aquele idiota atrapalhado, não é? Eles foram fazer um assalto e deu problema... Culpa do belga. Eu disse a seu irmão para não andar com um desertor. Um mau soldado é sempre um mau soldado. Mas... Seu irmão nunca me ouviu.

Mario ficou calado, com a testa franzida de preocupação. Nem me atrevi a pedir notícias de Jacquot, mas as perguntas queimam meus lábios. Ele ainda estava vivo? Fora preso?

Como se adivinhasse minhas perguntas silenciosas, Mario continuou:

— Não se preocupe, seu irmão está bem, são e salvo. Ele está vivo e vai voltar. Só precisará ficar longe por um tempo, até a poeira abaixar. Quanto a você, rapaz, tem a vida toda para fazer sucesso nos negócios! Aproveite a oportunidade para mudar de caminho. Você é muito jovem para esse tipo de coisa, vai acabar mal. Não desperdice sua juventude. Olha só o meu filho: ele tem a sua idade e vive em paz com a mãe e as irmãs. Encontre seus pais, aproveite a boa vida!

Mario fala em descansar, ir para o campo, imitar o filho... Tudo o que eu queria era poder viver com o meu pai ou com a minha mãe. Melhor ainda: com os dois juntos. Mas a vida é dura e não sou filho de ninguém. Minha vida é de fugitivo, como iria mudar de caminho? Para onde iria? Não há como descansar quando se está fugindo, especialmente aos quatorze anos.

Sonhara com a liberdade no reformatório, e nas ruas descobri apenas a preocupação, a solidão, uma violência desprezível sob a hipocrisia da mão estendida — enfim, a lei da selva. O bom Mario me manda de volta, involuntariamente e sem saber, à minha ferida original. Suas palavras rasgam uma cicatriz em minha memória. A ferida se abre de repente e exala o pus da revolta. Não, eu não queria ser uma criança abandonada!

Inúmeras vezes, fora chamado de «fruta podre» no reformatório. Os filhos dos homens são como sementes de mostarda ou grãos de trigo. Se crescem pouco ou mal, é porque não foram cuidados. Não podemos pedir-lhes que amem o belo, o bom, o verdadeiro quando não os orientamos para o belo, o bom, o verdadeiro. Não podemos pedir-lhes que acreditem nos homens quando cresceram sem que ninguém lhes desse atenção. Para que a semente dê fruto é preciso cuidar da terra com amor, acompanhar o crescimento, podar, tirar as ervas daninhas com frequência e respeitar o tempo.

Saio depois do jantar com todas aquelas ideias girando na minha cabeça, sem dizer uma palavra. Mario me leva de volta. Antes de nos separarmos, sussurra:

— Ei, garoto, não faça muitas perguntas ao seu irmão. Diga a ele que o encontrarei no Lucien, amanhã, ao meio-dia.

Corro para Latour-Maubourg, subo os degraus desesperado e chego no segundo andar. Bato, toco. Jacquot abre a porta.

— Entre, garoto! Onde você estava?

Eu queria abraçá-lo... Era o irmão que nunca tive, estava realmente preocupado com ele. Ali, sem saber direito o que fazer, disse ainda sem fôlego, mais pela emoção do que pela corrida:

— Estava no Mario... Ele me disse ... para te dizer ... amanhã ao meio-dia ... no Lucien.

— Certo, Mario... Ele está bem. Você também está bem! Isso é bom! Mas eu estou ferrado, irmãozinho.

Fiquei em silêncio. Tinha até medo de ouvir o resto. Fiquei encolhido num canto e esperei ele falar.

— Estou caindo fora, irmãozinho. Já ganhei grana o suficiente e não tenho vontade de passar o resto da vida andando na sombra. O outro desgraçado... Você nunca mais vai vê-lo... Não precisa ter medo, ele não vai mais ameaçar você... Ele fez bobagem, não me obedeceu, ficou lá... no chão.

Jacquot passava as mãos na cabeça. Estava pálido. Nunca o vi tão desesperado. De repente ele se levantou, pegou suas três armas e estendeu a mão para mim.

— Me dá a sua.

Entreguei a minha arma. Ele embrulhou todas elas num jornal e em alguns trapos e prendeu o pacote com esparadrapo.

— Vou parar com tudo. Vou embora com aquela garota que você viu outro dia. Ela gosta de mim, quer se casar. Ela é linda e tem dinheiro, não lhe falta nada. Desculpe, irmãozinho, mas teremos que seguir caminhos diferentes. Também quero te devolver a sua liberdade. Amanhã você precisa começar a fazer algo por si mesmo. Abandone esse negócio e encontre um emprego decente. Você é capaz, é o que você quer, e tenho certeza de que terá sucesso.

Depois dessas palavras terríveis, fomos dormir. É claro que não consegui pegar no sono. Não queria me separar de Jacquot. Ele era o meu irmão mais velho. Ele me protege, eu o ajudo. Sempre compartilhamos os riscos e os prejuízos. É claro, ele recebia mais... Mas estava tudo bem, pois ele era o mais velho.

Quando abri os olhos na manhã seguinte, Jacquot estava vestido como um lorde. Iria começar sua vida nova com estilo. A minha, por sua vez, declinava. Cada um pegou sua mala e deixamos aquele apartamento onde tínhamos passado um ano de vida e muitas emoções. Fui com ele de metrô até a Gare du Nord.

Na plataforma de embarque ele parou, me olhou demoradamente e me deu um beijo, dizendo:

— Obrigado, irmãozinho. Você foi meu primeiro irmão mais novo... O irmão que sempre sonhei em ter.

Seus olhos brilhavam. Ele tomou o trem para Bruxelas. Fui embora correndo para não chorar na frente dele. Minhas pernas estavam trêmulas; meu coração e minha garganta, amarrados. Sentia uma dor que me sufocava. Dentro de mim tinha um dilúvio, uma enxurrada, um Niágara de tristeza.

Fiquei vagando com a mala na mão. Resolvi voltar para a estação, corri até a plataforma de partida na esperança louca de que meu irmão teria descido do trem, mudado repentinamente de ideia. Mas não. A plataforma já estava vazia, o trem havia partido com Jacquot. Ele havia saído da minha vida, e eu teria de expulsá-lo da memória para aplacar a dor.

Tinha acabado de colocar a mala no armário da estação quando dois policiais de plantão pediram meus documentos. Estava tão desatento com a emoção que esqueci de tirá-los da mala. Vasculhei os bolsos, pensando na melhor tática para sair daquela confusão. Um grupo de turistas holandeses que desembarcava atrás dos policiais distraiu-os por um momento. Eu me aproveitei disso: esbarrei em um dos turistas e rolei no chão. Levantei no meio deles, que ficaram entre mim e os policiais, e corri o máximo que pude até o salão de embarque. Dali, voei para a porta e cheguei ao lado de fora. Na rua, continuei correndo como um louco, com as narinas queimando com o frio. Não ouvia apitos nem policiais atrás de mim. Ufa, tinha conseguido fugir! Mas para onde ir? Jacquot me dissera para nunca mais voltar ao apartamento, nem aos locais que frequentávamos juntos.

Porém, como você sobrevive, aos quatorze anos, na solidão de uma grande cidade quando o inverno está chegando?

# 15 ANOS: MUNDO AFORA COM O SENHOR LÉON

Sozinho de novo.

Com relutância, retornei aos meus velhos hábitos para dormir no bicicletário, perto da Bir-Hakeim, na rua Alexandre Cabanel. Não é fácil dormir ali, ainda mais para quem havia adquirido o hábito de dormir numa cama macia no apartamento de Jacquot. Tremia de frio e de tristeza naquele cubículo congelado de dois por três metros, atulhado de bicicletas, onde jamais conseguia me esticar completamente.

No dia seguinte, tomei as minhas providências. Estava um frio de rachar. Jacquot havia me deixado um pouco de dinheiro, mas não seria suficiente para passar o inverno. Então, tinha de encontrar um emprego, até mesmo para manter a cabeça ocupada. Eu andava muito pensativo desde a partida do meu irmão mais velho.

Perto do Campo de Marte, abordei um homem da forma mais educada do mundo, graças aos modos que havia aprendido com as minhas clientes em La Coupole. Isso me despertou lembranças horríveis, mas não havia escolha. Aquele homem parecia muito distinto, e acabei confiando a ele as minhas preocupações, como eu precisava encontrar um emprego.

Ele me escutou com atenção e depois pediu que o seguisse, mas logo me tranquilizou:

— Rapaz, vou apresentá-lo a um conhecido. Talvez ele tenha um trabalho para você.

Pouco tempo depois estávamos em frente ao Félix Potin, na rua Saint-Dominique. Realmente o homem era distinto: o dono do minimercado o cumprimentou com reverência. Ele me apresentou como um jovem confiante, um rapaz decidido. Falou tão bem de mim que fui imediatamente contratado como estoquista. O dono pediu meus documentos de identidade e respondi:

— Sem problemas! Tenho dezesseis anos, vou trazê-los amanhã sem falta.

É claro que, na manhã seguinte, esqueci os papéis que não tinha e comecei a trabalhar normalmente. Era difícil. Havia grandes prateleiras de madeira, cheias de garrafas de vinho ou limonada, para descarregar. Era tudo muito pesado. Um fortão martinicano me jogava as caixas. Eu tinha de pegá-las. O grandalhão ria:

— Você é forte como um espaguete!

Eu não respondia; me contentava em não meter minha mão de espaguete na cara dele. Minha luta era outra: contra as caixas que envergavam meus braços com todos aqueles litros de vinho para guardar no porão. Precisava do emprego e não queria decepcionar meu patrão. Era uma questão de honra. No fim daquele primeiro dia, estava um caco, mas muito orgulhoso de mim mesmo. Ganhei meu salário e fiquei felicíssimo, ainda que fosse uma ninharia perto dos meus honorários de fim de semana.

Eu ainda me possibilitava um extra. Sei que não era muito justo, mas era menos desonesto do que roubar prostitutas. Pegava escondido algumas costeletas de peru e um pouco de café ao deslizar um pacote por uma fresta da janela do fundo do armazém, que dava para uma viela. Quando saía do trabalho, dava a volta por fora, fingia estar amarrando o sapato em frente à janela e pegava o meu jantar. Saboreava tudo num banco da Place Lôwendal. Faminto, rasgava a carne crua a dentadas, como um leão rugindo no meio da praça. De sobremesa, chupava os grãos de café.

Na manhã seguinte, o patrão me colocou na venda de frutas e legumes. Aprendi a pesar, a embalar, a dizer palavras gentis para os clientes com um sorriso no rosto. Sempre colocava um pouco mais no saco depois da pesagem, e as pessoas se comoviam com essa delicadeza. Os dias iam passando até que chegou o inverno, sem muita angústia ou aflição. Os clientes eram sempre gentis comigo. Aquela gente boa nem desconfiava que eu era um fugitivo que dormia em porões e só se lavava uma vez por semana na piscina municipal.

Certo dia, entreguei a sacola para uma senhora que me ofereceu uma bela gorjeta. Seu sorriso de princesa me iluminava. Ela tinha estilo, elegância, confiança e uma voz um pouco rouca. Fiquei enfeitiçado por seu charme. Perguntei ao vigia o que aquela mulher fazia para viver. Ele me olhou como se eu fosse estúpido.

— É a Jeanne Moreau!

— Quem...? Jeanne... Boreau?

— A atriz!

Não sabia quem era a tal Jeanne Moreau, mas sua gorjeta me deu algumas ideias. Comecei a fazer uns extras: entregas durante o meu horário de almoço e à noite, depois do trabalho. Passei a economizar. O chefe gostou da minha iniciativa.

— Se continuar assim, aos vinte e um anos terá sua própria loja. E não se esqueça dos seus papéis amanhã. Há seis meses que me promete trazê-los...

Escapei graças a uma mudança de gerente, e garanti ao novo que já havia mostrado os papéis ao antigo.

Aos sábados à noite e aos domingos, continuei oferecendo bons momentos a algumas clientes privilegiadas de La Coupole. Estava trabalhando bastante.

Depois de alguns meses, um cliente observador percebeu que eu não tinha casa. Talvez pelo cheiro? Mas eu me borrifava muito desodorante... Era um homem velho, também não muito limpo. Ofereceu-me um teto. Foi um dom de Deus. Eu vivia exausto daquele esconde-esconde, de dormir em porões e em bicicletários. Já tinha dinheiro suficiente para ir para uma pensão ou alugar um quartinho, mas, como ainda era muito jovem, iriam me prender imediatamente.

Aquele homem era porteiro de uma grande livraria no Boulevard de Latour-Maubourg. Eu o achava muito estranho. Seu apartamento era um cubículo, úmido e barulhento, e tive um pressentimento que acabou se confirmando. Desde a primeira noite ele me oferecia «coisas». Eu repudiava firmemente seus avanços lascivos e logo me preparava para ir embora, mas ele se continha e me convencia a ficar. Embora de alguma forma ele me respeitasse, sua presença perturbadora transtornava as minhas noites.

Passei alguns meses dormindo no covil daquele indivíduo, naquele quarto que fedia a vício, certificando-me sempre de que ninguém via as minhas entradas e saídas do prédio. Meu trabalho me integrou à vida da vizinhança. Saudava as pessoas nas ruas como se fossem velhos conhecidos, e os vigias do bairro achavam que eu era uma criança do local.

Nunca se sabe o que pode acontecer. O medo de voltar para uma casa de correção me fazia ficar vigilante. Tomava as minhas precauções. Por exemplo, tinha o hábito de decorar os nomes das ruas que percorria. Se fosse questionado por alguma autoridade, poderia dizer que morava ali perto, na rua tal, número tal, com minha avó ou com minha mãe, a sra. Fulana. Falava com confiança o nome da rua e o número decorados. Esse truque sempre funcionava: os policiais nunca duvidaram de mim. Não teria muito o que fazer se suspeitassem que eu estava mentindo e quisessem me levar para casa — a não ser correr como um leopardo.

E era uma satisfação enganar os perseguidores quando fosse preciso! Era como ressuscitar das catacumbas depois de passar horas enterrado no subterrâneo da noite. Era o tempero da minha vida, o *harissa* do meu *couscous*. Havia aprendido a controlar a respiração quando me escondia num vão oculto ou debaixo de algum carro. Ficava tenso com a possibilidade de ser descoberto por fazer algum gesto brusco, ou até mesmo pelas batidas do meu coração. Meu amigo medo continuava inseparável.

Passava as noites vagando pelas ruas de Paris, roubando com os olhos a alegria dos casais, dos filhos e dos pais — enfim, de todos aqueles que se amavam e não escondiam seu amor. Como uma águia solitária, ficava observando as minhas presas, porém sem poder roubar nem pai, nem mãe, nem a alegria, nem o amor... Só conseguia capturar aquelas imagens, que me machucavam muito.

Todas as noites, nos camarotes do teatro da vida, observava as pessoas nos terraços dos bares, nas filas dos cinemas, nas mesas dos restaurantes. Todas as noites os atores mudavam, mas o roteiro se repetia, tendo como pano de fundo um bocado de risos, muita alegria, olhares amistosos, casais de mãos dadas, bocas unidas. Todas as noites minha solidão cavava um pouco mais fundo.

Às vezes também ia ao Quartier Latin para ver toda aquela ostentação de felicidade que me era insuportável. Caminhava em direção aos amantes de mãos entrelaçadas, passava no meio deles, de propósito, para quebrar a ligação simbólica de seu amor. Eles perturbavam meu equilíbrio interior e me causavam uma tempestade incontrolável, cuja fúria era imediatamente dirigida a meu pai. O ódio me dominava a ponto de me fazer cerrar os punhos dentro dos bolsos.

Para piorar, às vezes, quando voltava ao meu cubículo, encontrava algum garoto que tinha cedido aos avanços do porteiro. Sentia vontade de vomitar e, depois, pegar aquele velho sem vergonha pelo pescoço. Mas preferi ir embora. Cansado dos passeios noturnos que só me traziam ódio, fui um dia a um bicicletário tentar dormir um pouco. As imagens repugnantes que havia presenciado me atormentavam.

No outro dia, pela manhã, não estava muito disposto a trabalhar. Tentava esconder o cansaço.

— Então, Philippe? Caiu na farra? — pergunta o gerente, rindo.

Se ele soubesse... Eu me insultava em pensamentos para tentar me reerguer.

— Vai, estúpido! Você é um molengão. Força, vai! Tenha um pouco de coragem, covardão! — ficava repetindo a mim mesmo.

Certo dia, o patrão me chamou.

— Entrega expressa para a Maison de la Radio, estúdio Jacques Picard. Vai lá, Guénard, sem demora, como se já estivesse lá!

Chegando no estúdio Jacques Picard, quase deixei cair o pacote no chão. Meus clientes eram quatro cantores de bigode. Os irmãos Jacques em pessoa! Estavam ensaiando. Servi-lhes uma bebida e fiquei ali escutando-os, fascinado pela gentileza, pelo talento e pelo profissionalismo daqueles generosos artistas. Eu, que procurava coisas para me insultar,

TIM GUÉNARD | MAIS **FORTE** QUE O ÓDIO

achei uma gigante ao vê-los repetir sete vezes a música «*La confiture*» e toda a mímica hilária que a acompanha. Eles não estavam contentes com o resultado e ensaiavam ainda mais. Foi um verdadeiro tapa na minha cara! Espantou a minha fadiga para longe, rapidinho.

Voltei para a loja, feliz e lisonjeado por ter presenciado aquilo.

— Como você demorou, Guénard! Serviu todo o pessoal da Maison de la Radio?

O chefe ria muito. Ele era bonzinho. Contei-lhe o que tinha visto e como ficara impressionado. Aí ele passou a me enviar para quase todas as entregas nos estúdios. Conheci muitos artistas assim. Ganhei até as camisas de ensaio de Johnny Hallyday e Dick Rivers. Voltava desses passeios com a cabeça nas nuvens: eu, que não era ninguém, diante das estrelas...

Com esses momentos sublimes, passei a sonhar no bicicletário, ou mesmo no cubículo sórdido do velho sem-vergonha, que um dia algum desses artistas acabaria me descobrindo, apegando-se a mim e me convidando para sua casa, a fim de compartilhar sua vida de ouro. Cada um sonha com o que pode. O sonho rouba o tempo da miséria, do sofrimento e da angústia — além de não custar nada e não incomodar ninguém.

Eu amava aqueles artistas. Não por serem populares, mas pelo que eram: fortes e frágeis. Quando os observava, tinha a impressão de poder ir além da vitrine da celebridade e deslizar para os bastidores do seu coração, conhecê-los em sua intimidade, no seu camarim secreto.

Servia-lhes bebidas sem dizer nada, sem incomodá-los com pedidos de autógrafos. Estava lá apenas para servir. Na maioria das vezes, os seus ensaios eram exaustivos. Eles recomeçavam a tocar uma canção desde o início por causa de um defeito inaudível para um leigo. Eu sofria ao ver seus esforços frustrados. Alguns obedeciam sem reclamar; outros ficavam atormentados e resmungavam; outros apenas riam; e havia os que eram extremamente sensíveis, ao ponto de encararem aquelas interrupções como um fracasso e uma ofensa pessoal. Podia senti-los no limite. Isso me fazia admirá-los loucamente.

Todo aquele trabalho, toda aquela dor, para culminar na Grande Noite, naquele momento mágico e sagrado em que o artista entra em cena, com frio na barriga, cego pelos holofotes, diante de um público muito exigente... Estavam sempre prontos a se doarem totalmente, de forma esplêndida e solitária, como a estrela que surge no pôr do sol.

Esses sonhos me acompanhavam durante as noites caóticas em meus palácios de bicicletas. Preferira abandonar o cubículo antes de reduzir o porteiro depravado a comida de gato, pois estava enojado de vê-lo trazer presas jovens para pervertê-las naquele covil imundo.

Certa noite, por ali, no bairro de Auteuil — preferia os bairros bonitos, porque ajudavam a suportar a feiura da solidão —, conheci um cara engraçado. Seu nome era Léon. Estava sentado em seu banco na calçada, como se ocupasse um trono. Ele me chamou:

— Meu jovem, você sabe onde fica Honduras?

Acho que ouvi mal, e me pareceu que ele estava me pedindo informações.

— Onde tem *verduras*?

— Honduras, meu jovem...

— É alguma estação de metrô?

— Não, meu jovem, não é uma estação de metrô, nem o nome de uma comida exótica.

— É um país? Ho...di...ras?

— Muito bem, meu jovem! Honduras é realmente um país. Estamos progredindo...

Um homem incrível. Seu porte é digno, mesmo nobre, e contrasta com o desgaste de suas roupas. Ele usa um casaco de caxemira tão surrado que parece nem ter mais cor, velhos sapatos ingleses e uma jaqueta puída. Tudo nele está esfarrapado. Até mesmo seus traços, finos e distintos. Senhor Léon é um mendigo que lê o *Le Monde*. Nem sempre é o jornal do dia, é verdade. Mas para ele é mais importante receber a notícia tarde do que não recebê-la.

— Daqui a alguns dias, as de hoje também estarão atrasadas, um pouco mais, um pouco menos. Então, um olhar retroativo é sempre proveitoso!

Apeguei-me rapidamente a León, o mendigo, um grande cavalheiro que, sob um aspecto cansado, escondia uma profunda nobreza de alma e uma imensa angústia de coração. Aquele homem ferido havia perdido a esposa e o único filho num acidente de carro pelo qual ele sempre se culpou. Sua vida inteira desabara com a perda de seus únicos amores.

Privado de sua alma, ele gradualmente perdeu o interesse pela vida. Desistiu de seu trabalho na Bolsa de Paris, abandonou a brilhante vida social, os círculos de influência e até mesmo certas relações familiares que pareciam interesseiras. Por que se interessaria em ganhar a vida, se ela havia perdido qualquer significado? Gradualmente, Léon foi caindo na marginalização pacífica. E a mendicância cortou os últimos laços remanescentes com sua família.

O senhor Léon me intrigava. Visitava-o quase todos os dias. Ele falava um francês distinto e compartilhava, de forma eloquente, a sua imensa cultura. Ficava feliz ao encontrar um ouvido atento e um olhar afetuoso. Era um mendigo de classe: dizia estar dormindo num palácio em frente à estação d'Auteuil. Certo dia, resolveu satisfazer minha curiosidade.

— Quer conhecer meu palácio, jovem? Venha comigo!

Ele me levou para visitar seus aposentos: um carro abandonado na estação Auteuil.

Todas as noites, ele me fazia um resumo das notícias, sempre com um toque de humor e comentários críticos. Rodávamos o mundo, de Singapura a Honduras.

Com ele eu jamais blefava, confessava logo minha imensa ignorância. Ele ria e dizia:

— Meu jovem, meu jovem, deixe-me aperfeiçoar a sua educação geográfica.

Tirou um velho caderno com páginas gastas do bolso interno, desdobrou um mapa do mundo como se fosse um mapa do tesouro e apontou o dedo para um minúsculo ponto entre a América do Norte e a América do Sul:

— Aqui, meu jovem, aqui fica Honduras. Nunca se esqueça!

O ex-financista me apresentava os preços do mercado de ações. Apostávamos fortunas imaginárias em ações que estavam realmente listadas. O senhor Léon avaliava seu progresso, dando-me aulas de geopolítica, falando do passado colonial de Uganda, da riqueza mineral do Zaire ou da crise financeira de determinado país.

— Aposto que essa ação sobe e que poderemos vendê-la pelo dobro do preço em um mês. Vamos ficar ricos, meu filho!

Caímos na gargalhada: mendigos da classe alta que preferem as estrelas do céu às do Palais Brongniart. Um mês depois, Léon, o mendigo, tornara-se um homem virtualmente bilionário. Sua aposta foi certeira. Impressionado, perguntei-lhe:

— Por que você não comprou essas ações, já que elas dobraram e você estava tão certo disso?

— Com que dinheiro, meu rapaz?

— Você não poderia encontrar um velho conhecido ou algum sobrinho disposto a lhe emprestar uma grana se prometesse juros a ele?

— Provavelmente, meu rapaz. Mas a pergunta mais importante é: o que eu faria com tanto dinheiro?

— Você poderia ter investido, ou reinvestido... Sei lá...

— Para quê?

— Para comprar uma casa, umas roupas novas... essas coisas.

— Eu tinha tudo isso, meu jovem. Tinha casa, um carro potente, tudo o que um homem poderia sonhar em ter. Mas... e daí? Isso tudo é vento, amigo. Vento! Vaidade das vaidades! Estou muito mais feliz na minha carroça cinco estrelas, vestindo meu casaco de caxemira com ventilação embutida. Do que mais preciso? De um pouco de amizade... E isso o dinheiro não compra! Não tenho do que reclamar, pois sei muito bem que o amor não está à venda no supermercado.

Passava noites maravilhosas com meu amigo, aquele senhor fora do comum que se afastara da sociedade doentia dos homens e me transmitiu o gosto pela história e pela geografia. Herdei sua humildade diante do conhecimento e aprendi a receber de cada pessoa a parcela de luz que ela esconde. Um homem formidável e inesquecível.

# A GRANDE FUGA

Todas as noites, quando o senhor Léon e e eu seguíamos caminhos separados, a melancolia me abraçava, e eu não era capaz de lidar com o gelo de minha solidão. Tinha a impressão de estar abandonando um avô; deixando uma confiança amorosa para retornar ao mundo hostil. Antes de encontrar minha Torre Eiffel e meu bicicletário, precisava enfrentar os bairros em que a polícia vivia fazendo patrulhas. Não era fácil passar despercebido. Apesar de ter certa segurança por estar empregado, vivia sempre em alerta.

Certa noite, depois de acompanhar o senhor Léon de volta ao seu Hilton abandonado na estação Auteuil, dei de cara com policiais na rua Singer. Impossível escapar. Eles me levam sem qualquer cerimônia. Ao sair da viatura em frente à delegacia, tropecei. O policial que me acompanhava se desequilibrou, e aproveitei para dar no pé. Corri feito um louco para o bicicletário. Tarde demais, ele estava fechado. Fui para a Bir-Hakein... e lá vinham os policiais! Decididamente, naquela noite eles estavam em todos os lugares. Segui para a Escola Militar, depois para o Palácio dos Inválidos, desci a rua da Universidade, virei na Leroux, peguei a rua de Sèvres e... mais polícia! Era um congresso, uma demonstração ou uma noite de operações ostensivas?

Escondi-me na praça Boucicaut, atrás de uma cerca viva, e esperei eles passarem. Segui na direção da rua Bonaparte e ali, na esquina da rua des Saints-Pères, me deparei com dois homens que já chegaram me segurando pelo braço. Droga! Eram policiais à paisana! Caí na armadilha.

— Você tem documento de identidade? O que está fazendo na rua a uma hora dessas? Seus pais deixaram você sair? Onde eles estão?

Fiquei em silêncio. Estava em apuros, pois eram policiais durões. Além disso, havia cansado de fugir, parecia que tinha passado anos correndo. Vivia com medo e já não aguentava mais. Um cansaço imenso me invadiu. Estava me entregando.

Eles avisaram os colegas pelo rádio e me jogaram dentro da viatura. Não resisti em nenhum momento. Na delegacia, o clima era tenso. Acabaram me trancando numa cela com os adultos. Eu mal tinha quinze anos, mas parecia ter dezoito. Pouco tempo depois, tiraram-me de lá e me levaram a dois policiais: um ficava na frente de uma máquina de escrever; o outro, de pé, me fazia as perguntas clássicas:

— Qual seu nome? Onde você mora? O nome de seus pais etc.?
Eu não dizia nada.

Então, o policial que me interrogava perguntou, com educação:

— Está com fome?

Fiz que sim com a cabeça. Ele mesmo foi buscar sanduíche e refrigerante. Comemos juntos, enquanto eu respondia às perguntas.

— Philippe Guénard, quinze ou dezesseis anos, não me lembro... Órfão... Não, quer dizer... Abandonado... Sem endereço dos pais... Sim, eu durmo na rua... Sim, fugi da casa de correção D. há quase três anos...

Resumi a minha história sem mencionar o lado criminoso, é claro. O policial estava impressionado: mal podia acreditar que um adolescente foragido conseguira viver por conta própria durante tanto tempo, e sem ser descoberto.

Depois de contar minha história, fui colocado de volta na cela por algumas horas e depois levado para o Quai aux Pleurs. Lá fui revistado e tive alguns bens confiscados. Fui dormir numa cela para três pessoas com uma privada no canto, como nos filmes.

No dia seguinte, conduziram-me a uma sala grande, cuja única janela tinha grades. Havia quinze pessoas esperando. Eu era o mais novo, e isso me deixou empolgado. Comecei a me exibir, a ser um fanfarrão, e esbarrei num cara sem querer. Ele reagiu rapidamente:

— Ei, pirralho, saia do caminho ou vou te esmagar!

Ele já tinha levantado o braço para me bater quando outro cara, com pinta de eslavo, o segurou, dizendo:

— Não toque nele, eu o conheço... É irmão do Jacquot.

O cara queria me esmagar e desistiu quando ouviu o nome mágico de Jacquot. O que me protegeu virou-se para mim:

— Não lembra de mim?

Vasculhei a memória, mas... não! Não fazia a menor ideia de quem era ele.

— Sou amigo do filho de Mario.

— Ah, sim! Lembrei! Às vezes você o ajudava no restaurante.

— Mas o que está fazendo aqui? — ele perguntou.

— Fui pego na rua des Saints-Pères. E você?

— Arrumei uma confusão num restaurante da Saint-Sulpice. Me provocaram, quebrei tudo e empurrei os policiais. Acho que estavam sentindo a minha falta aqui, porque eu estava em liberdade condicional...

— O que é condicional?

A palavra me lembrava vagamente uma das conversas com o senhor Léon.

— A condicional é a liberação supervisionada... Sem dúvida você vai sair daqui mais rápido que eu... Lembre-se: o Mario gosta muito de você... Ele nunca te esqueceu. Ele é fiel na amizade, meu amigo!

— Sim, ele é bom. Também gosto dele.

— E seu irmão Jacquot?

— Saiu de férias.

— Então você ficou sozinho?

— Sim, mas isso não é nada demais. Estou acostumado a ficar sozinho...

Depois disso, nos separamos. Naquela noite, voltei para minha cela e tive a companhia de um cara esquisito que ficava de cara feia o tempo todo. Batucava nas grades, e os vizinhos respondiam... Isso ajudava a passar o tempo. Não confiava no meu companheiro de cela. Ele não dizia nada e ficava me encarando como se estivesse armando alguma coisa pra mim.

Depois de 48 horas, os policiais me levaram ao tribunal de Quai aux Fleurs. Foi incrível. Pela primeira vez na vida, saí de prisões úmidas e corredores escuros para corredores luxuosos e tão amplos quanto os mais badalados salões de banquetes. Subimos as escadarias do saguão de entrada, onde as pessoas se cruzam em um burburinho abafado. O policial me mandou sentar num banco. Eu praticamente nasci para esperar que decidam o meu destino enquanto fico sentado num banco. Mas o local era excelente para observar a colmeia da Justiça em atividade. Tempos depois, um policial me deu ordem para que eu o seguisse. Entramos numa sala com um teto tão alto que poderia facilmente ter três andares.

Fico sentado na frente de uma secretária com sua máquina de escrever. De repente, uma porta se abre atrás dela. O policial cumprimenta:

— Olá, meritíssimo.

O juiz me olhava com atenção. Também o encarava curioso — normal, era meu primeiro juiz. Ele abriu um arquivo e começou a falar, às vezes folheando os papéis, às vezes olhando para mim por cima dos óculos.

— Então, meu jovem... Andou fugindo do reformatório?

Sem resposta.

— Podemos saber por quê?

Silêncio.

— Mas qual é o motivo da sua fuga?

Ele ainda estava esquentando. Eu já fui direito ao ponto:

— Não quero ficar num reformatório.

— E para onde você quer ir?

— Para a casa da minha mãe.

Constrangimento. Ele ficou sem palavras. Nem sei por que respondi isso — foi uma frase boba que viera do nada... Um desejo impossível. Disse isso e ele ficou em silêncio. Depois começou a tossir. Então, concluiu:

— Bem, acho que você precisa ser razoável. É evidente que tem se envolvido com pessoas de má reputação. Espero que essa experiência tenha colocado um pouco de juízo na sua cabeça. Quando tiver vinte e um anos, poderá fazer o que quiser. Mas agora terá de voltar para o reformatório...

— Mas eu não quero! — gritei.

— Você não tem escolha, meu jovem... E não estou perguntando o que você quer!

— Eu vou fugir de novo, você vai ver! Você não pode fazer isso comigo!

Gritava como um louco. Já podia rever os guardas, os educadores, os cães... Já podia ouvir as ameaças e zombarias de cada dia. A minha experiência servia apenas para eu não querer nada daquilo nunca mais. Mas era como se o juiz estivesse me condenando a trabalhos forçados. Ele não me escutava, não queria me ouvir. Então, fixei nele um olhar de desafio e muita raiva. «Voltarei a vê-lo, juizinho, e você vai se arrepender!», pensava.

Os policiais me algemaram e me levaram embora. Estava de partida para Cayenne.

Uma van nos acompanhou até a estação. Lá, passei a vergonha de atravessar o enorme salão acompanhado por dois policiais e com as mãos algemadas. Se eu pudesse enfiar um saco de lixo na cabeça, definitivamente faria isso. Estava muito envergonhado. E as pessoas me olhavam como se eu fosse um monstro, uma besta que inspirava nelas uma mistura de medo e curiosidade mórbida.

Após duas horas de trem, numa parte do vagão esvaziada para a circunstância, chegamos à casa de correção de B., no norte. Meus companheiros de viagem me entregaram ao diretor. Ele não parecia mais humano do que aquele de La Rochelle.

Depois que os policiais foram embora, o imbecil do diretor me deu as boas-vindas. Não o fez sozinho, claro: era covarde demais para isso. Juntou-se com mais guardinhas e anunciaram:

— Agora vamos examinar você!

Eles batiam forte com os punhos, com os pés, com os cotovelos e até com os joelhos. Logo na primeira, desabei no chão. Eu me recusava a ser morto por aqueles bastardos; me recusava a deixar aquele inferno começar de novo. O ódio dominou o meu corpo e, com fúria, pulei em cima de um dos guardas e puxei seus cabelos, gritando freneticamente. Não queria largá-lo, mas um chute no estômago quase me fez desmaiar de dor. Eles me levantaram, puxando-me pelas orelhas. Foram me arrastando até o prédio C, onde tive uma recepção calorosa de meus irmãos cativos. Minha reputação me precedia, e ganhei o apelido de «o rei da fuga». Uma hora depois, fui levado ao médico para tomar vacinas e ao cabeleireiro para rasparem minha cabeça.

Depois, os educadores da seção C me chamaram para uma conversa em particular:

— Se você não se comportar, bonitão, não teremos pena. Aqui a ordem é cortar o mal pela raiz.

Tive de me conter para não cuspir na cara deles. Um dos educadores ficou andando atrás de mim e, de repente, agarrou minha orelha e a puxou com força. Meu nariz ardia, um arrepio percorria a minha espinha. O ódio era tanto que não via mais nada pela frente; era como se a minha vista escurecesse e não enxergasse mais nada. Virei o corpo mais rápido que Bruce Lee e o chutei com força na canela.

O machão soltou minha orelha na hora e levou a mão na perna. Ele quis revidar, mas olhei fixamente em seus olhos e disse, possesso:

— Se você encostar em mim de novo, juro que vou te matar... Um dia... ou uma noite.

Ele parou. Seus dois comparsas resmungaram alguma coisa e recuaram. Naquele momento, olhei bem pra eles e disse, gritando:

— Eu sou só um bastardo! Um pedaço de bosta para meus pais e para vocês. Querem me bater? Dane-se, eu não me importo com essa porcaria de vida. Quer cortar o mal pela raiz? Venha... quero ver! Você não me assusta mais — nada mais me assusta nessa porcaria de vida! Não me importo com mais nada. Vamos, venha me bater, você não é homem? Venha me bater... Eu não tenho nada a perder!

Fui andando em direção a eles. Estavam atordoados, feito idiotas. Podia ver o medo em seus olhos. Houve um grande silêncio. Aquele tipo de silêncio que se experimenta diante do vazio; o silêncio que precede o pior, onde tudo pode mudar.

Mas nada aconteceu. Não houve explosão final.

Eles me levaram de volta ao refeitório. Meus companheiros de prisão tinham guardado um lugar pra mim na mesa. Me elogiavam: «Você é corajoso, cara!». Eu não dizia nada. Estava atônito com aquela avalanche de acontecimentos; nem sabia o que pensar. Mais uma vez os sonhos fugiam de mim; meu universo inteiro tinha entrado em colapso. Por fora eu ria, fazia piadas. Mas por dentro estava destruído. Sentia-me como um cachorrinho que caíra da mudança.

A uma mesa de distância, os guardas continuavam resmungando e me olhavam de esguelha, com olhares desagradáveis. Eu os encarava com arrogância. Meus olhos ardiam segurando lágrimas de raiva, meu ouvido pegava fogo ouvindo-os cochichar. Estava completamente tomado pelo ódio.

Quando nos levantamos da mesa, um dos guardinhas, que era menos estúpido, veio até mim e disse discretamente.

— Guénard, você terá de vir conosco. Precisa aprender a obedecer.

Levaram-me para o campo de futebol.

— É para limpar tudo. Recolha todos os papéis e todas as folhas. Deixe esse lugar impecável, Guénard!

Entregaram-me sacos de lixo para recolher a sujeira e colocaram dois pastores alemães na minha cola. Não sabia o que fazer. Os cães me aterrorizavam. Ainda tentava pensar.

Na manhã seguinte, os guardas me levaram novamente para o campo. Está outra vez cheio de folhas e papéis, mas no dia anterior eu havia deixado impecável. É óbvio que aqueles desgraçados espalharam tudo o que eu havia recolhido!

— Comece de novo, seu filho da mãe! Você vai fazer isso até obedecer!

Olhava para eles e dizia, sem levantar a voz:

— Estará pronto em três dias.

Naquele momento, a minha única vontade era fugir para longe, muito longe. Tinha de traçar meu plano de fuga, e aqueles três idiotas, sem saber, fariam parte dele... Ajudariam muito com a sua maldade.

Recomecei a recolher os papéis e as folhas com os dois cães me acompanhando. Quando os guardas me deixaram em paz, tirei da cueca a comida que roubara na véspera, durante o jantar. Os cães apreciaram o lanche.

No dia seguinte, o chão estava novamente coberto de sujeira. O ciclo recomeçava. Quando alimentei os cães, eles lamberam a minha mão. Estavam domesticados. Conversava com eles enquanto recolhia as folhas. Ia contornando o campo com os dois me seguindo. Logo no primeiro dia, já tinha visto um pequeno buraco na cerca. Toda vez que passava perto dele, me certificava de que não tinha ninguém olhando e dava um chute para aumentá-lo.

No terceiro dia, ele já estava grande o suficiente para que eu pudesse passar. Aquele era o símbolo da liberdade. Na manhã seguinte, às cinco horas, passei pelo buraco. Não estava sozinho. Um menino chamado Alain se juntou a mim. Impressionado com as minhas aventuras, ele me pediu para ir junto. «Me encontre no campinho às cinco». Quando cheguei ele já estava lá me esperando. Não tinha motivos para privá-lo da viagem.

Os cachorros nos acompanharam um pouco. Depois, voltaram chorando. Eles me lembravam Rantanplan, o cachorro da penitenciária das aventuras de Lucky Luke, que acompanha os Daltons em suas fugas.

Meia hora depois, no momento em que o alerta deveria ter sido dado, já estávamos no trem rumo à capital. Alain estava terrivelmente assustado... E isso me irritava porque podia chamar a atenção. Por isso, disse a ele:

— Respire fundo, Alain. Olhe pela janela, curta a paisagem e relaxe. Agora você está livre, aproveite! E não comece a me dar trabalho...

O trem chega na Gare du Nord. Não havia policiais na plataforma. Alain estava mais calmo e até sorriu. E eu... «livre» novamente.

# O VELHO E A MORTE

Eu inalava o máximo que podia daquele bendito ar poluído da capital. Liberdade! Depois daquela estadia na casa de correção, uma alegria inenarrável me dominava enquanto eu andava sem rumo pelas ruas.

Porém, como nuvens num dia ensolarado, Alain começou a me incomodar. Ele tinha quase dezoito anos e eu, apenas quinze. Ele reclamava o tempo todo. Quando chegamos ao meu bicicletário em La Motte-Picquet, ele ficou melindrado.

— Você chama isso de «palácio noturno»? Só pode estar brincando! Você acha mesmo que vou dormir nesse lugar?

Ele sentia frio, se lamentava... reclamava. Não compreendia a situação. A liberdade tem seu preço — não havia nada que o fizesse se conformar. Então, já com o saco cheio de tanta reclamação, resolvi queimar o meu curinga.

— Está bem, Alain... Amanhã vou apresentá-lo a algumas senhoras simpáticas. É um trabalho tranquilo e bem pago. E, como você já tem dezoito, pode pagar um quarto de hotel.

Nada feito: o senhor Alain não aguentou. Preferiu voltar para o reformatório. Que idiota! Bem, cada um segue o seu caminho. O de Alain é retornar para o lugar de onde veio. Pegou o trem.

Naquele dia, percebi que não era uma criança como as outras. Tinha quinze anos, adorava a rua, a liberdade da selva da civilização com todos os seus riscos, mesmo podendo me perder nela. Também adorava os bicicletários para dormir, os mendigos que tanto tinham a ensinar, as senhoras ricas para dar abraços bem pagos, bem como as senhoras pobres, para derramar os desabafos. Adorava os belos apartamentos com lençóis de seda, o medo do policial que fazia ronda e tornava o dia a dia mais agitado. Tinha certo apreço por roupas elegantes e gostava até mesmo dos pitorescos cafetões que davam tapinhas no meu rosto enquanto pronunciavam palavras belas e tão honestas quanto as suas profissões. É claro que não poderiam faltar os suntuosos monumentos da cidade de Paris. Sentia-me como um peixe dentro d'água na capital, mesmo estando sozinho em meu aquário.

Uma semana depois de voltar, numa sexta-feira, fui encontrar uma das minhas senhoras na famosa *brasserie* La Coupole. Dois dias depois, com meu serviço prestado e meu primeiro salário no bolso, voltei a um restaurante em Montmartre que costumava frequentar com Jacquot. Estava à procura de Freddie, conhecido como «golpista», com quem fui encomendar documentos de identidade falsos.

— São duzentas pratas agora, antes do trabalho, e o resto depois. Vem comigo.

Pegamos o metrô para a Place des Ternes. Chegamos em frente a um portão onde ele me pediu o dinheiro e entrou, dizendo que voltaria em breve. Duas horas depois, já havia entendido que tinha levado um golpe do golpista. Era um prédio com duas saídas. Freddie pegara meu dinheiro e dera no pé. Procurei por ele, em vão. Mas jurei que ele pagaria essa afronta com juros e correção.

Demorou três meses até que, certa noite, encontrei o senhor Freddie Golpista desfilando no bar de um bistrô na Republique. Aproximei-me dele, dei-lhe um forte abraço e disse em seu ouvido:

— Freddie Golpista... Lembra de mim? Você me esqueceu em frente a um prédio com duas saídas na Place des Ternes...

Ele fingiu estar feliz em me ver. Tentou me enganar novamente com uma conversa mole e uma lista de desculpas.

— Tive problemas aquele dia, Guénard, e precisei sair logo dali sem ser visto. Mas estou com seus documentos. Espere aqui, vou buscá-los. Volto em uma hora. Sente-se no bar, eu pago a sua bebida quando eu voltar.

Também fingi estar feliz em encontrá-lo. Fingi acreditar mais uma vez no golpista. Meia hora depois, Jim, um amigo de batalha, veio me contar onde Freddie morava. Fomos juntos a um pequeno apartamento perto do Cirque d'Hiver. O golpista nos atendeu de pijama. Ingênuo, achou que poderia dormir depois de me largar lá no bar sozinho. Eu o empurrei para dentro, e meu amigo já lhe deu um soco na boca. Ele caiu sobre uma mesa, gaguejando. Pegamos todo o dinheiro dele e fugimos. Saiu barato para ele.

Eu já tinha conseguido os documentos com meu novo amigo, Jim, de Bagnolet, que era um fraudador de primeira linha. Nós nos encontrávamos com frequência. Ele ainda não tinha dezoito anos e vivia praticamente sozinho. Sua mãe bebia muito e seu pai estava na prisão. Ausência dupla. Sempre que voltava para casa, encontrava a mãe em estado lamentável. Jim sofria com o estado dela: a mulher dormia durante o dia e ficava bêbada à noite. Quando conversávamos sobre isso sua voz ficava trêmula e seus olhos, turvos. Nessas horas ele virava o rosto para esconder as lágrimas. Seus ombros largos não conseguiam esconder os soluços, e então ele respirava fundo e dizia: «Vamos sair daqui». Saíamos sem saber para onde, andávamos sem rumo até ele se acalmar. A mãe de Jim e meu pai estavam aprisionados no mesmo vício. Ele sentia pena; eu só sentia ódio.

À noite, costumávamos ir a Auteuil para visitar o senhor Léon, nosso velho amigo. Levávamos três fatias de um presunto que ele adorava e ficávamos horas ouvindo-o reconstruir boa parte de um mundo que desconhecíamos. Dávamos-lhe o jantar e, em troca, ele nos revelava os mistérios do universo. Foi o senhor Léon que me apresentou os segredos da sexualidade com a modéstia de um avô e a prudência de um homem decepcionado.

— Fazer amor é fácil e rápido. Depois é que fica complicado. Muitas vezes a dor se segue ao prazer... Meus filhos, pensem bem antes de dizer «eu te amo» para alguém. Estas não são palavras que podem ser ditas pela metade...

Maravilhados, Jim e eu deixávamos o velho sábio descansar e íamos pensando em nossos respectivos pais. Para esquecer a dor, explorávamos a noite de Paris. Buscávamos a nossa dose diária de adrenalina, uma droga gratuita. Só ela era capaz de apaziguar o meu ódio. Então íamos roubando, quebrando o que víamos pela frente...

Certa noite fomos a Auteuil e não encontramos o senhor Léon no banco de costume. Esperamos até as onze horas, e ele não pareceu.

Fomos bater no carro velho, o palácio de Léon. Um outro mendigo, que parecia um ouriço deprimido, dormia em seu lugar. Perguntamos, preocupados:

— Onde está o senhor Léon?

— Partiu para a grande viagem! — respondeu o ouriço, rindo.

Olhei para o Jim... Não estava gostando daquela história.

— Que viagem? Impossível! Ele teria nos avisado. Foi embora sem dizer nada, ouriço? Ele não faria isso!

O ouriço pegou uma garrafa e deu um gole em alguma coisa vermelha. Limpou os lábios e acrescentou:

— Fiquem tranquilos... Ele não tinha como avisá-los... Porque nem ele sabia. Ontem foi o Nénesse, hoje foi o Léon. Os dois foram...

Deu um arroto antes de completar:

— ...encontrar o chefe.

— Quem é o chefe? — pergunto, empurrando-o.

Ouriço já estava começando a me irritar com seus enigmas.

— Calma, meu jovem. Muita calma! O chefe é quem decide tudo, o mestre da vida e da morte. Ele também é chamado de Senhor. Léon não era eterno. Morreu hoje, às dez da manhã. Foi atropelado por um carro na avenida principal. Não se preocupe, ele não sofreu: morreu instantaneamente.

Que droga! O senhor Léon... Morto...

Não era possível.

Saímos sem dizer uma palavra. Aquele avô adotivo era essencial para mim. Minha vida de adolescente não amado só podia ser concebida com a presença dele. Sobre o tal Nénesse não há nada a dizer, nós sequer o conhecíamos. Mas Léon não podia morrer. Como é que o chefe poderia levar um amigo sem minha permissão?

Depois de tanta tristeza, nos separamos. Jim voltou para casa, em Bagnolet, para reencontrar a mãe bêbada e chorar ainda mais. Segui para o meu palácio de bicicletas com uma sensação congelada de solidão. Não tinha mais confiança em mim mesmo, algo parecia ter se fechado em mim. Tudo estava escuro, como um abismo que parecia me sugar.

Todas as minhas tentativas de construir qualquer coisa estavam desmoronando.

Os dias seguintes foram tristes. A partida do senhor Léon deixou um imenso vazio. À noite encontrei Jim e compramos o *Le Monde* em homenagem ao nosso velho amigo. Ficamos discutindo num banco. O coração do nosso amigo não estava presente... nem a cultura. Não demorou para irmos embora, diferentemente de quando permanecíamos horas absorvidos pelo universo do velho Léon. O nosso já entrara em colapso. Estávamos sofrendo.

Dias depois, não encontrei Jim. Ouvi dizer que ele tinha sido preso por esmurrar um homem que se aproveitara de sua mãe enquanto ela estava bêbada. Havia batido tanto que o sujeito fora parar no hospital. Eis-me novamente sozinho, pensando no sentido dessa vida complicada que, para mim, parecia um grande buraco negro. A amizade me dava mais alegria do que as emoções delinquentes. Mas eu já não tinha mais nenhuma. A solidão me atormentava — e, sim, eu culpava o grande chefe por isso. E imaginava que ele devia estar rindo lá no topo de seu céu.

A força da depressão me fez baixar a guarda. Desatento, já não tomava mais cuidado, e a polícia me pegou alguns dias após a morte do senhor Léon. Praticamente me deixei capturar. Então, os policiais me levaram à delegacia e depois ao juiz. Aconteceu a mesma coisa que da última vez. Tive apenas um consolo: o sorriso compreensivo da secretária do juiz.

— Ei, você de volta?

— Sim, para ver o outro pinguim.

Nem percebi que o pinguim já tinha chegado. Ele olhava para mim com a testa franzida e as duas mãos na cintura.

— Aqui novamente, meu jovem? O que você quer?

— Eu disse que ia fugir do reformatório.

Silêncio. Ele me pede para sentar.

— O que eu faço com você? Tem alguma ideia?

Respondo com calma:

— Tem que mandar me matar! Vivo, continuarei a incomodar o senhor. Enquanto você continuar com essa conversa mole, prometo que sempre voltarei para encher o seu saco!

O pinguim não parecia chocado com as minhas palavras. Já devia estar acostumado. Ele deu um suspiro, pegou o telefone e falou com alguém. Seu tom era de preocupação. Obviamente, ele não queria me matar. Ainda bem.

# CARTA ABERTA AO MEU PAI, PRESIDENTE DA FRANÇA

Poucos minutos depois do telefonema do juiz, dois policiais chegaram e me levaram embora. Temia o pior, mas também esperava o impossível. Será que estavam me levando de volta para o reformatório? Ou a solução seria outra? O pinguim não deixou claro.

Atravessamos Paris em uma van. Era noite.

— Veja só — disse um dos policiais. — Consegue ver a multidão ali na frente da casa? Sabe quem mora aqui? O cantor Claude François. Sempre há garotas esperando em sua porta.

Os policiais eram legais. Me escoltam até meu novo reformatório. E não pude acreditar: tinha uma mesa de pebolim e outra de pingue-pongue. Parecia uma prisão de luxo.

No dia seguinte, descobri uma máquina de escrever sobre uma mesa e disse a mim mesmo: «Ótimo, vou ser escritor». Como não consegui encontrar a terceira letra do meu primeiro nome no teclado, resolvi jogar a máquina contra a parede. Ela partiu ao meio.

O ambiente era agradável e a comida, excelente, e eu me dava bem com meus colegas de reformatório. Comecei a achar o juiz legal por ter me colocado lá. Era bom demais para ser verdade. No terceiro dia, por volta do meio-dia, uma gorda com um coque esquisito na cabeça veio me visitar. Era a assistente social. Definitivamente, eu só atraía gente feia.

— Pegue sua mala e venha comigo — disse, sem qualquer gentileza.

Como não tinha mala, partimos imediatamente. Para qual destino? Nenhuma palavra.

Fomos para a Gare du Nord, lugar que não me despertava boas lembranças. Curiosamente, sentia falta das algemas... e também da escolta. Desta vez, eu era apenas um anônimo, o que era mais humilhante do que ser um delinquente reconhecido e temido. Nem podia me exibir.

O guarda que me escoltou não era muito de falar; e, depois de uma hora de trem, chegamos. Fomos caminhando até o tribunal, perto da catedral. Sentei-me em um belo sofá vermelho, num daqueles corredores enormes. Sou dominado por lembranças ruins. A assistente social entra em uma sala anexa. Imagino o número de cômodos que poderiam abrigar sem-tetos só naquele corredor. Um policial me deu um tapa no ombro, acabando com as minhas reflexões humanistas.

— Meu jovem, a juíza está à sua espera.

Juíza? Que juíza? Procurei e vi uma mulher baixinha, parada na frente de uma porta... Tinha porte enérgico e parecia inconveniente, tão atraente quanto a assistente social.

— A juíza sou eu, jovem. Venha...

— Droga — pensei. — Não deveria ter pedido essa juíza. Ela parece um dragão!

Vários companheiros de reformatório tinham recomendado aquela magistrada. Falavam dela como uma mãe, tamanha a sua sensibilidade. E uma mãe era o que eu mais desejava. Não me importava que fosse juíza. Por isso, eu havia solicitado a transferência. Meu juiz de Paris ficara muito feliz em se livrar de mim. O problema agora estava nas mãos de sua colega provinciana.

Nem me importei quando a senhora juíza, com sua careta severa, me chamou para entrar no escritório.

— Sente-se. Vamos analisar o seu caso, sr. Guénard.

Abriu meu arquivo, leu em silêncio. Enquanto ia folheando as páginas, percebi que seus olhos se enchiam de lágrimas, igual ao Jim quando falava da mãe. Depois de alguns minutos de silêncio, ela levantou a cabeça, me olhou nos olhos e perguntou:

— O que você quer, jovem?

Sempre desconfio dessa frase quando ela é dita por quem tem o poder de decidir nosso destino sem nunca levar em conta os nossos desejos. Respondo a ela como ao juiz anterior:

— Quero sair do reformatório. Não quero ser como meus companheiros. Não quero ficar roubando roupas e sapatos ou uma moto e, ao completar vinte e um, sair do presídio juvenil para ser mandado ao de adultos e passar boa parte da vida lá!

— De qualquer forma, meu jovem, você foi expulso do reformatório. Eles não querem mais você lá!

Fiquei em choque. E permaneci algum tempo atordoado com aquela notícia incrível que acabava de receber. Depois, comecei a ficar eufórico como um jogador de futebol ao marcar o gol da classificação. Queria mesmo era beijar a minha juíza. Todo o meu ser foi tomado por uma incrível onda de alegria. Meu sonho tinha se tornado realidade: fui expulso de um reformatório! Fui o primeiro a conseguir essa façanha! Meus algozes tinham se curvado!

— Então, meu jovem, o que você quer?

Minha juíza é ótima. Mal tinha acabado de me informar que eu havia realizado um dos meus grandes sonhos, que não precisaria pôr os pés naquela prisão juvenil, e já me perguntou o que eu queria da vida. Jamais havia pensado no que fazer depois de realizar o meu sonho.

Mas naquela hora comecei a pensar numa resposta. Com pressa, respondi a primeira coisa que me veio à cabeça:

— Quero ser cozinheiro na marinha!

Ela pensou um pouco e disse, gentilmente:

— Não acho que seja um trabalho para você...

— Por quê?

— Você é muito briguento. Acho que não conseguiria levar uma vida em grupo. O que mais, além disso?

Não tinha ideia. Nunca havia imaginado o futuro. Então apelei:

— Qualquer coisa, me dê uma chance. Você vai ver, eu vou conseguir!

Era verdade. Depois de ter passado por tantas coisas, estava pronto para tudo. Sair do reformatório era a minha vitória sobre aqueles guardas estúpidos e aqueles educadores sádicos. Isso me animava, me dava confiança. Queria viver, lutar para vencer; ganhar para ser homem; ser homem para um dia me vingar do meu pai.

Matar o meu pai... Esse era um daqueles sonhos que me mantinham vivo. Afinal, eu vivia naquela lama toda por causa dele. Ele tinha de pagar por tudo: pelas pernas quebradas, pelo nariz arrebentado, pela orelha estourada e por todo o amor perdido... Não se perdoa essas coisas quando se tem o mínimo de honra.

— Então, meu jovem? — a juíza insistiu.

— Desculpe-me, senhora. Me perdi em alguns pensamentos por um instante. Na verdade, não sei o que quero... O que a senhora acha que eu poderia fazer? Me dê uma chance, sei que vou conseguir!

Ela me olhou com carinho. Aí entendi o porquê de ser tão admirada por todo mundo do reformatório. Repito, como se fosse uma oração:

— Me dê uma chance, por favor... Apenas uma chance! Acredite em mim, eu vou conseguir!

Estou pronto para agarrar qualquer mão estendida, e a dela, especialmente, não quero largar. Ela virou o olhar para a janela por alguns segundos. Parecia estar observando a catedral. Depois de um longo silêncio, disse:

— O que você diria de escultor, hein, garoto?

Fiquei confuso... Nem sabia o que significava essa palavra.

— Escul... o quê?

— Está vendo aquela catedral ali, pela janela? Você vê os animais que estão esculpidos na pedra e que enfeitam a galeria?

— Sim, sim! Os monstros que riem?

— Isso! São as gárgulas. Essas aí têm setecentos anos. Foram escultores da Idade Média que as lapidaram em pedra. Você gostaria de esculpir animais assim? Vi em seu arquivo que você desenha muito bem.

Ela também propôs açougueiro ou encanador, e disse sim para todas as opções.

Minha juíza pegou o telefone e ligou para alguém:

— ...tenho um menino bom e muito motivado aqui!

Espere aí, o menino bom e muito motivado era eu? Não podia acreditar no que estava ouvindo.

— ...você poderia recebê-lo como aprendiz?

Entendi que a pessoa respondera *sim*. Parece que tudo estava dando certo. Ela me dá uma piscadela confirmando. Já comecei a me imaginar como um escultor da Idade Média. Mas quando ela menciona minha idade, o interlocutor reage:

— Impossível! É jovem demais! Tem de esperar ele ter dezesseis anos... Ou pedir uma isenção.

— Droga! Ele estava tão animado... Mas tudo bem, agradeço por tudo. Vou me informar e voltamos a conversar.

Ela desligou, visivelmente irritada.

— Temos de esperar até você ter dezesseis anos. Faltam só seis meses... Que bobagem! Poderiam relevar isso. Também podemos pedir uma derrogação... Mas demora, e é muito incerto.

— O que é uma derrogação?

— É uma autorização, uma permissão excepcional.

— E quem pode dar essa autorização?

— Só o presidente da República. Por isso é muito incerto.

— Sem problemas, senhora. Sou filho dele.

— Filho? — ela perguntou, rindo.

— Exatamente: sou filho do presidente da República!

Ela ficou me observando e esperando para saber se era uma piada, se estava zombando dela ou se era só uma pessoa estranha.

Repeti a afirmação, só que dessa vez convicto:

— Não estou brincando... Sou filho dele, do presidente...

Ela, então, resolveu fazer piada:

— Sim, claro, filho do presidente da República, eu deveria ter percebido. É que, veja só, eles se esqueceram de destacar isso no seu arquivo. Enfim, me desculpe, eu não tinha como adivinhar...

— Não, não estou brincando, senhora. Deixe-me explicar. Sou filho do Estado, tutelado da nação, uma criança assistida. O presidente é meu pai. Porque todo feriado nacional, no reformatório, cantávamos *La Marseillaise* diante da foto do presidente De Gaulle, e os educadores nos diziam: «Levantem-se, esse é o seu pai». Mesmo que a foto dele não fosse nada familiar, lá estava papai!

Essas coisas não se esquecem.

Um dia, dois policiais me pararam, pediram meus documentos, o nome do meu pai, da minha mãe, enfim, o mesmo de sempre. Respondi que meu pai tinha sido despojado de seus direitos e que minha mãe havia me abandonado... Um dos policiais, um gordinho, tinha senso de humor; o outro, magrelo, não tinha, e por isso começou a dificultar as coisas:

— Sem gracinhas, moleque. Você tem pai e mãe, como todo mundo. Então me diga o nome deles.

Como ele parecia não ter entendido nada, respondi:

— Quer saber o nome do meu pai? O problema é que você não vai acreditar em mim... Eu tenho três pais: general de Gaulle, sr. Poher e, agora, sr. Pompidou.

O policial simpático riu, mas o que não tinha senso de humor ficou tão bravo que escreveu no registro: «Desacato ao agente no exercício das suas funções». Não, essas coisas não se esquecem.

De qualquer maneira, disse para a minha juíza:

— Vou escrever para ele. Vamos tentar pedir essa dorrega... como é mesmo?

— Derrogação.

— Isso, derrogação. Vou conseguir.

Quando se é pobre, o humor e a ousadia o ajudam a levantar. Peguei uma folha de papel emprestada da minha juíza e comecei a escrever ao papai presidente: «Preciso de uma derrogação. Obrigado por me dizer sim. Até logo, um beijo». Não sabia escrever muito bem, mas aquelas poucas palavras eram legíveis, apesar dos erros de ortografia. A juíza leu, sorrindo.

— Meu querido, você tem uma retórica impecável! — ela me disse.

Eu via o brilho naqueles lindos olhos verdes. Fiquei meio que hipnotizado com o seu entusiasmo. Então, ela pegou um envelope e colocou minha carta nele. Colocou também um bilhete seu, com uma breve apresentação. Olhou para mim novamente com seus olhos brilhantes e disse:

— Prometo que vou encaminhar o seu pedido.

Como meus companheiros de reformatório, também me apaixonei por aquela mulher que sabia ouvir com o coração.

Algumas semanas depois, o presidente da França, meu pai Georges Pompidou, concedeu-me a derrogação solicitada. Eu era apenas um bandidinho que tinha 50% de chance de passar metade da vida na prisão. O sr. Pompidou não dava a mínima para um moleque mau como eu. Ele não tinha tempo para prestar atenção a versos mal escritos de uma criança abandonada; afinal, devia receber pilhas e pilhas de cartas todos os dias, vindas de todos os cantos do mundo, além de ter um país inteiro para governar e muitas coisas mais urgentes para resolver. Porém, depois disso, esse sr. Pompidou tornou-se um grande homem para mim. Porque, de uma forma ou de outra, ele se importou com um pequenino desconhecido e irrelevante. Preocupou-se em executar uma ação aparentemente inócua, que não teria repercussão, que não seria noticiada com destaque nos jornais ou na televisão, que não lhe traria nenhum voto nas eleições, que não salvaria a França de todos os seus problemas. Esse ato desinteressado do presidente, e também a confiança daquela juíza, que poderia ter jogado minha carta no lixo e fingido que havia sido perdida na montanha de papéis de algum departamento do Palácio do Eliseu, renovaram em mim a esperança na humanidade.

Essas pessoas me tornaram melhor.

Eu tinha a sorte de ter uma boa juíza, que me acolheu bem, dedicou tempo para olhar para mim de verdade... Ela não estava me julgando, mas se dedicando a ler o meu arquivo, a olhar para mim, a me ouvir com atenção apenas para tentar encontrar alguma forma de dar um novo rumo à minha vida. Estendeu-me a mão quando tudo parecia perdido.

Não acreditava que esse tipo de pessoa pudesse existir. Conheci muitos juízes e educadores que rotulavam, humilhavam, nos desanimavam, destruindo o pouco de esperança que ainda restava em nós.

Para um delinquente como eu, as primeiras expressões de humanidade vêm, na maioria das vezes, de policiais, dos assistentes sociais, dos juízes, dos educadores... É verdade que esses trabalhos não são fáceis, mas são essenciais. Jamais esquecemos um policial que gentilmente oferece um sanduíche para quem tem fome, uma bebida a quem tem sede, em lugar de tratar um suspeito como um cachorro. De um interrogatório pode surgir uma afinidade real, e sou testemunha disso. Quem tem o dever de punir pode também ser semeador de prevenção.

Minha juíza e o senhor presidente me fizeram querer lutar para construir minha vida quando as coisas não pareciam estar indo muito bem. Acima de tudo, eles se tornaram exemplos, me fizeram querer ser como eles. Sim, era uma ousadia tremenda um menino de rua querer se parecer com Georges Pompidou...

Mas também era algo natural, porque, enfim... ele era meu pai!

# APRENDIZ
## DE ESCULTOR
## DE GÁRGULAS

nquanto esperava o início do meu estágio como escultor, minha juíza me colocou numa escola técnica, na quarta série. Que bom, eu já estava evoluindo...

O diretor me recebeu com carinho, assim como os professores. A juíza resumiu minha história para eles. Minha professora de francês — uma mulher bonita, divorciada e frágil, era particularmente atenciosa. Ela me dava aulas durante o recreio para que eu pudesse recuperar o tempo perdido nas ruas. No meio do oceano de ignorância em que eu vivia, surgiam ilhas de conhecimento. Surpreendi os professores com minha cultura eclética sobre a geografia da América do Sul e também sobre a Revolução Francesa. Obrigado, Léon, suas aulas eram magníficas! Meus colegas me ouviam falar com admiração sobre as paisagens de Honduras quando eu ainda mal sabia escrever.

Porém, com pesar, logo percebi mais uma vez que não era como os outros. Para a minha surpresa, meus companheiros nunca haviam deixado o casulo da família e seus pequenos ambientes locais. Alguns professores afirmavam: «Esse Guénard é muito jovem para ter vivido tudo isso. Está zombando de nós.»

Meu coração endureceu e se fechou. Não suportava mais aqueles idiotas. Eles achavam que, por ser jovem demais, ninguém poderia ter sido espancado, abandonado, estuprado e pervertido! Se empilhada, a porcaria humana seria mais alta do que o Himalaia. Era doloroso ver que eles não levavam a minha vida, tão trágica, a sério — era mais uma forma de negar a mim mesmo. Por acaso havia uma idade certa para viver o insuportável?

Apesar de tudo, aquele poucos meses de espera foram proveitosos. Tenho de agradecer àquela escola e aos meus companheiros. A professora gostava de mim. Suas delicadezas iam além das aulas particulares que me oferecia voluntariamente. Encontramos outros vínculos além das dores passadas. Uma criança abandonada desperta o instinto materno nas mulheres de fibra, o que logo pode se transformar em ternura amorosa. E eu sempre tive tanta sede de ternura...

Dava as minhas derrapadas, de vez em quando. Nada muito sério. Meus erros eram negociáveis, pois não deixava de pensar em minha juíza: não queria decepcioná-la, tinha-lhe dado a minha palavra. Ela era meu porto-seguro, e por ela me esforçava para ficar longe de problemas.

Negociava bem trocando edições das revistas *Salut les copains* e *Moto revue* por baionetas, moedas de prata de Napoleão III, luminárias de mesa em cobre... Com parte dos lucros obtidos no comércio paralelo, comprava caixas de barras de caramelo para distribuir entre meus amigos de escola. Fazia isso por puro exibicionismo... o qual, na verdade, era mais uma forma de comprar afeto.

Nessa época, descobri que às vezes nos enganamos ao julgar os outros. Tinha colocado um cara chamado Jean-Luc na categoria «muito estúpido». Grande erro! Rapidamente, tive de transferi-lo para a de «cara legal». No fim das contas, Jean-Luc foi uma surpresa para mim. Ele era exatamente o meu oposto: tinha a cabeça no lugar. E também um bom coração. Sem dizer que era todo galanteador, e as meninas o achavam bonito. Dávamos boas risadas juntos, saíamos para paquerar e, enfim, formávamos uma boa dupla. Nas noites de sábado, íamos juntos para as festas, montados em sua lambreta. Ele me acalmava quando eu arrumava confusão. Nos divertíamos, comíamos, bebíamos e também ficávamos observando as garotas. Com ele, o tempo voava.

Mas tudo o que é bom acaba. São as coisas ruins que não terminam nunca.

Em 15 de setembro comecei meu aprendizado para me tornar escultor de gárgulas, mas o primeiro monstro que encontrei era de carne e osso: o gerente do local a quem me apresentei naquela manhã. Encarou-me da cabeça aos pés, com ar zombeteiro. Depois, de forma rude, perguntou:

— É você que me mandaram para trabalhar?

— Sim, senhor.

Ele continuou sua inspeção silenciosa, como se estivesse avaliando cada um dos meus músculos, pesando meus ossos. Então, antes de virar as costas para mim, soltou esta:

— Você é o vigésimo terceiro que contratamos; será o vigésimo terceiro a ir embora antes do final da semana.

Que idiota!

Milhões de coisas passavam pela minha cabeça. A raiva era tanta que, naquele momento, o meu desejo era acabar com ele.

Nesses casos, a tática era balançar a cabeça de um lado para o outro. O adversário ficava me olhando, perplexo. Nessa hora, eu aproveita-

APRENDIZ DE ESCULTOR DE GÁRGULAS

va para lhe dar uma joelhada entre as pernas antes de sair correndo. Era um dos meus jogos favoritos, minha «bola de prisioneiro». A vítima se curvava para recuperar o fôlego, xingava-me muito e de todos os palavrões possíveis e, às vezes, corria atrás de mim. Eu saboreava esses momentos intensos, essas perseguições pitorescas, essas aventuras que dão sabor à vida. Era tenso e perigoso, mas eu me divertia... e sempre ganhava.

Aquele cara estava me insultando gratuitamente? Ah, eu ia colocar o cretino para dançar. A raiva já estava me dominando por dentro e já estava começando a balançar a cabeça, mas na hora de meter o joelho nele me lembrei da promessa que havia feito à minha juíza: «Me dê uma chance... Acredite em mim, eu vou conseguir!».

Tentei me acalmar e olhar fixamente para ele, querendo dizer: «Você ainda vai se arrepender de ter dito isso». Sustentei o olhar, porque, se demonstrasse fraqueza, ele iria me esmagar. Fiquei um bom tempo olhando pra ele com os olhos arregalados. Curiosamente, logo acima de sua cabeça tinha uma placa: Rua João XXIII. Não sabia quem tinha sido esse senhor. E jamais podia imaginar que existem caras importantes que andam por aí se vangloriando porque ninguém aguenta ficar no emprego que estão oferecendo. Como sou o vigésimo terceiro da lista que, segundo o meu patrão, sairia fora antes do fim da semana, peguei simpatia por aquele João XXIII e acabei adotando-o como amigo.

Esculpir na pedra é uma coisa linda. É algo nobre. Mas, antes de começar a esculpir, é preciso carregar a pedra. Carregava blocos muito pesados, do primeiro ao quinto andar, em andaimes que balançavam muito. Tudo doía em mim: dos pés à cabeça, principalmente as mãos e os braços. Eu me encorajava verbalmente com João XXIII e dizia: «Meu amigo, você verá, é esse vigésimo terceiro aqui que vai ganhar». Alguns trabalhadores me chamavam de «papagaio»; outros, de «Joana d'Arc», porque falava sozinho. Eu nem ligava.

Se «papagueava» com João XXIII, é porque não tinha a quem confiar meu estado de espírito, meu cansaço, meu desânimo. E minhas conversas solitárias com João XXIII me ajudavam a não cair nas provocações daquele mestre de obras idiota. Assim, completei a minha primeira semana. Ele não podia acreditar. Os trabalhadores passaram a me olhar com respeito. Fiquei orgulhoso de mim mesmo.

Com o passar das semanas, fiquei em dívida com meu amigo João, o XXIII. Meus braços e pernas tinham enrijecido, eu estava ficando mais forte. Não havia, portanto, nenhuma necessidade de me nutrir com insultos. Os caras continuavam a me provocar, mas sem sucesso. O servo-aprendiz ia comprar pão e vinho para os trabalhadores, além de jornais e bilhetes de loteria. Aceitava fazer essas coisas quando me pediam com gentileza.

Certo dia, um deles me acusou de não ter devolvido o troco exato quando lhe entreguei sua comida. Fora Jacques, apelidado de «Bronco», que me chamou de ladrão na frente de todo mundo. Perdi a cabeça e parti para cima dele. O mestre de obras me deteve com o cabo de uma picareta. Bronco continua a me acusar, gritando: «Ele me ferrou, ele me roubou... É ladrão». Estava fora de mim: arranquei o cabo da picareta da mão do mestre de obras e comecei a bater no Bronco. Ele gritava como um doido. Os caras tentaram me impedir, mas era impossível — fiquei completamente louco. Quando ele caiu, ameacei quebrar-lhe os dentes. Ele se protegia com a mão e me implorava para não bater mais.

— Só paro se você contar a verdade. Vamos lá, diga a verdade, seu porco!

O covarde confessou a mentira na frente do patrão e dos trabalhadores reunidos. Patrick, um jovem aprendiz, disse a ele:

— Você que pediu isso. Mereceu. Espero que tenha aprendido a lição!

O chefe, irritado, me chamou para conversar, puxando com força a gola de minha camisa.

— Você se lembra da senhora juíza? Quer vê-la de novo?

Não tinha esquecido dela, nem da minha palavra. Respondi:

— O que você teria feito no meu lugar?

— Não sei... Mas, quando tiver problemas, venha falar comigo... Vamos resolver as coisas juntos e de outra forma. Não acerte as suas contas sozinho, rapaz. Agora vai, junte-se aos outros e não arrume mais confusão!

Ele era durão, mas também era um homem íntegro e justo.

Daquele dia em diante, fiquei livre. Não saía mais para comprar nada e nem esquentar as marmitas.

Eu gostava de esquentar as marmitas. Cada trabalhador trazia seu almoço naquelas tigelas. Observava cada um deles desempacotando seus pratos com gestos lentos e cuidadosos — não por causa da louça, mas em razão do alimento que havia sido preparado com amor. A tigela representava o sinal desse amor. Para os mais novos, a comida tinha sido preparada pela mãe; para os mais velhos, por suas esposas. Eu não tinha tigela, nem esposa, nem mãe. Isso era sinal de minha solidão. Quando alguns colegas compartilhavam alguma coisa comigo, é como se estivessem me convidando para visitar a sua casa. Quando você está cansado, com frio e com fome num canteiro de obras, uma comidinha quente é reconfortante.

Não queria que eles soubessem que eu era sozinho, e por isso resolvi fingir que alguém me amava e me mimava como faziam com eles. Comprei uma tigela e, escondido, enchia com comida enlatada, para que pensassem que eu tinha uma namorada que cozinhava para mim. Não sei se enganava muita gente...

Certo dia Jacques, o «Bronco», veio fazer as pazes comigo. Estávamos trabalhando juntos no mesmo andaime. Ele se desculpou.

— Sabe, eu só queria fazer você espumar de raiva...

— Bom, você arrumou seu espumante!

Rimos e brindamos com vinho quente, porque o dia estava frio. Jacques também vinha do reformatório, e isso nos aproximou. Ele tinha dois filhos a quem amava ainda mais porque não conhecera o próprio pai. Só havia tido notícias dele uma vez, quando o Estado determinou que o pai pagasse pensão ao filho abandonado... Jacques trabalhava muito porque queria comprar uma casa. Guardava cada centavo, daí seu lado mesquinho. Aprendi a admirar e amar aquele sem-vergonha. Depois dessa experiência, jurei a mim mesmo que iria sempre superar a primeira impressão negativa de alguém e tentar perscrutar diretamente o seu coração. O outro é sempre melhor do que o rótulo que colocamos em suas costas.

O aprendizado com meus camaradas ocorreu sem problemas. Tinha me adaptado à empresa e gostava muito do trabalho. Era complicado quando precisava ir à escola alguns dias por mês. Não entendia nada de desenho industrial, por causa de minhas grandes lacunas na geometria. Além disso, arrumei uma confusão com o professor.

Certo dia, durante uma explicação, assegurei-lhe de que ele estava dizendo bobagens. Ele se defendeu, mas acabei demonstrando, na frente de todos, que ele estava errado. Fui então idiota o suficiente para ofendê-lo e humilhá-lo publicamente. Desde então, paguei muito caro por essa falta de boas maneiras. Toda vez que levava um desenho para ele, ele o rasgava na frente de todos.

Aguentei a ofensa por meses consecutivos. Porém, numa manhã de maio, depois de ele ter rasgado mais um dos meus trabalhos, fiquei com tanta raiva que meu nariz parecia estar soltando fumaça. Respirei fundo e fui me acalmando. Deixei os pedaços do meu trabalho sobre a mesa e, calmamente, voltei até ele, peguei a pasta onde ele guardava seus papéis e fui rasgando, um por um. Olhei bem nos olhos dele e disse:

— Agora você vai provar do próprio veneno...

E saí batendo a porta.

A turma inteira me defendeu. Meus colegas argumentaram que, apesar de todos os meus problemas e deficiências, eu me esforçava muito para fazer os meus desenhos, e por isso aquela punição era injusta. O professor considerou o que eles disseram e veio atrás de mim no corredor. Nós conversamos; pedi desculpas por ter perdido a cabeça, e ele também se desculpou. Deu-me um tapinha no ombro e disse:

— Venha, vamos voltar para a sala.

Nas semanas seguintes, ele me pediu para participar mais e ainda me ofereceu aulas gratuitas de geometria e desenho industrial para que eu pudesse melhorar. Trabalhei como um doido, lutei o quanto pude para que ele se orgulhasse de mim — ele e a juíza, a quem também fizera uma promessa. Minhas notas foram se tornando razoáveis. A maior lição que recebi daquele homem não foi de desenho industrial, mas de humildade. Ele abandonara o orgulho para vir atrás de mim e fazer as pazes, mesmo estando em posição superior e ainda ter sido ofendido por mim. Foi uma lição sagrada de vida para o pequeno pavãozinho aqui.

Enfim as coisas estavam caminhando tanto na escola como no canteiro de obras. Vivia em certa harmonia comigo mesmo durante o dia. Mas à noite esse equilíbrio se quebrava. Quando o sol se punha no horizonte, a tristeza e a revolta despertavam dentro de mim.

Os velhos demônios me atacavam no escuro. A angústia se aproximava como um cavalo a galope, especialmente quando passava por apartamentos iluminados ou casas movimentadas. Eu podia sentir que por trás das cortinas havia uma intimidade familiar, com crianças felizes brincando com os pais, ou mesmo fazendo o dever de casa sob o olhar deles. Ouvia, de algumas janelas abertas, o barulho dos talheres nos pratos, as risadas, os gritos... a vida.

Dentro de mim rosnava um monstro de violência e inveja: «Por que eles? Por que eles têm tanta sorte? Por que eu não tenho?». Naquelas ocasiões, eu me tornava um terrorista de amor, um vampiro de ternura. Compensava com violência o carinho que não recebia. Por pura vingança, saía distribuindo socos e pontapés a quem tivesse o azar de me cruzar na rua. Isso me livrava da solidão. Pelo menos as pessoas me davam atenção, olhavam para mim, me insultavam, corriam atrás de mim... De um modo ou de outro, interessavam-se, sabiam que eu existia.

As pessoas não paravam de me ferir. Minha sensibilidade continuava a ser alimentada de injustiças cruéis. Pareciam se acumular. Uma criança que precisa de assistência é sempre presa fácil para aproveitadores que se aproximam sob o pretexto da caridade. Vi isso com a minha babá-carrasco e, depois, com o tutor que cuidava de mim desde o início do meu estágio como escultor. Entregava a ele todo o salário que ganhava na construção — quinhentos francos por mês. Ele colocava esse dinheiro no banco. Pelo menos era o que me dizia, porque depois de um ano e meio de trabalho pedi o dinheiro para comprar uma bicicleta nova, já que a minha tinha sido roubada, e fui obrigado a ouvir aquele desgraçado dizer, sem nenhum constrangimento:

— Mas você não tem dinheiro nenhum: sua conta está zerada!

Ele tinha passado a mão no meu dinheiro e eu nem podia prová-lo!

Durante quinze dias, caminhei catorze quilômetros para ir trabalhar e mais catorze para voltar. Exausto, sem forças, desgostoso da vida, decidir roubar uma lambreta da polícia em plena luz do dia, em frente ao tribunal. Cobri ela toda com adesivos e, no dia seguinte, ainda passei em frente à delegacia, montado no produto do furto. Mais uma provocação de um pavão zangado. Ninguém me parou. Para a minha sorte, os policiais passaram e nem se deram conta.

Assim, reivindiquei a lambretinha em reparação à injustiça cometida pelo meu tutor. Além disso, ela pertencia ao meu pai, o presidente da República.

# 16 ANOS: DANÇA COM SOCOS

**C**erta noite, enquanto caminhava com a solidão, deparei-me com uma enorme placa anunciando: «Academia de Boxe». Isso chamou a minha atenção.

Volto a me ver, quatro anos antes, em uma rua de Paris. Os guardas me pegaram. Furioso, dei uma rasteira em um dos policiais que, depois, veio me interrogar na delegacia. De forma educada e sem ressentimento, ele me ofereceu uns doces, dizendo:

— Do jeito que você é forte, garoto, poderia ser policial ou lutador de boxe!

Policial não era o trabalho com o qual uma criança da minha origem sonharia imediatamente. No entanto, registrei as palavras daquele homem generoso. A bondade nunca é esquecida, mas sempre fica gravada no coração.

Lutador de boxe...

Entrei, curioso. Vi uns caras batendo em sacos de areia na frente de grandes espelhos. Eles batem forte. O lugar cheira a suor, e todos estavam ofegantes. Surge então um cara grande, com cerca de cinquenta anos e cara de poucos amigos.

— O que você quer aqui, garoto?

Com o olhar meio disperso, respondi:

— Lutar como eles.

Ele me encarou em silêncio, meio que sondando:

— Você tem atestado médico?

— Não, o que é isso?

— Procure um médico, qualquer um, explique para ele que você quer lutar e peça um papel.

No dia seguinte, voltei com o papel. O mesmo homem com cara de poucos amigos desta vez me recebeu com um sorriso.

— Ah, você conseguiu seu papel!

Mal posso esperar para lutar. Na verdade, só pensava em bater. Mas ele me deu uma corda para pular:

— Vamos, junto com os outros!

Tentei passar a corda por cima da minha cabeça e depois pelos pés, girando-a, como os outros. Mas a corda se tornou uma rede e enrolei as pernas nela, quase caindo no chão. A sala inteira riu da minha falta de jeito. Minha vaidade leva o primeiro golpe. Parecia um touro perdido na arena, sem saber em que direção dar a primeira chifrada. Engoli a humilhação e fiquei, apesar da vergonha.

Passei a ir para a academia quase todas as noites. Essa válvula de escape para minha solidão me permitia extravasar o ressentimento noturno em sacos de areia, em vez de vítimas inocentes. Depois de duas semanas, comecei a treinar no ringue com um fortão que já vinha treinando havia dois anos. Estava animado. Ele tem um olhar maldoso que me convida a bater. Trocamos alguns golpes e o treinador gritou comigo:

— Mantenha a guarda, garoto... Cuidado! Se continuar com a guarda aberta vai levar uma no nariz.

Dito e feito! O grandão me acerta em cheio no nariz. O sangue escorre. E o efeito é imediato. Furioso, vou para cima dele, saio batendo como um louco. É soco para todos os lados, até que um deles acerta o grandão em cheio, derrubando-o imediatamente no chão. Quando paro de bater, escuto um grito severo do treinador. Fui suspenso por uma semana. Ele estava bravo:

— Está ouvindo, moleque? Aqui não é a rua. Se fizer isso de novo, vai se ver comigo!

Ele tinha razão. Estava lutando como havia aprendido no reformatório. Lutávamos sem saber lutar. Ficávamos apenas batendo uns nos outros, sem luvas e sem regras, apenas para imitar os maiores. Mas na academia eu teria de aprender a arte nobre. O fortão tinha razão: não estava na rua, não deveria entrar no ringue como um animal selvagem. A suspensão foi uma ótima lição: me fez até pensar melhor sobre as minhas tretas.

Havia quebrado a mandíbula do Christian, o cara com quem tinha lutado. Como éramos da mesma categoria, peso médio, me pediram para substituí-lo numa exibição em Saint-Quentin, na abertura de um campeonato europeu. Isso me alegrou. Já nem sentia mais o arrependimento de ter mandado o malandro para a lona com o queixo quebrado.

Na casa do meu tutor, treinava em sacos de fertilizante para endurecer os punhos e fortalecer os músculos. O fertilizante tinha amônia e queimava a minha pele. A melhor maneira de aliviar o tormento era bater com mais força. Sentia dor e raiva. Imaginava o meu pai naqueles sacos inertes. Era a minha estratégia secreta, o que me fortalecia nas lutas. Quando precisava de mais energia, quando precisava de fôlego para bater até o meu oponente ir para a lona, eu pensava no meu pai.... E aí batia mais forte, sempre mais forte.

No canteiro de obras, carregava pedras fazendo puxadas de braço. Tudo se transformava em treinamento. Minha vida estava focada na raiva do boxe.

Tive a honra de lutar. Era uma luta atrás da outra. O fortão viu que eu tinha potencial. Dedicou-me o seu tempo e me deu conselhos. Com extrema delicadeza, foi canalizando minha violência num intenso trabalho técnico. Eu costumava vencer as lutas por nocaute. Os golpes do adversário me estimulavam, me enchiam de raiva. Mas aprendi a usar esse poder em um ataque controlado e destrutivo. Batia cada vez mais forte e com mais precisão.

Gostava de ver o adversário balançar com os meus golpes e desabar. Olhava o sujeito no chão e pensava que, um dia, seria meu pai.

Durante uma luta de exibição numa cidade da Bélgica, um espectador cuspiu na minha cara quando eu estava entrando no ringue. Encaixei nele um gancho que o fez dormir.

Depois da luta, voltei para o vestiário e, inesperadamente, tomei um soco na orelha. A dor irradiava. Com ela, a raiva. Virei o corpo pronto para brigar e vi o meu treinador. Ele estava furioso.

— Fui eu! Pra você aprender a respeitar o público!

— Mas eu só me defendi! Aquele bosta cuspiu em mim.

— Cale a boca, não quero ouvir você! Um verdadeiro boxeador guarda seus golpes para o ringue. E respeita o público a ponto de aceitar humilhações. Um boxeador é um homem pacífico e civilizado, não um nervosinho que só quer brigar. Já para o chuveiro!

Henri, meu enfermeiro, tirava as ataduras das minhas mãos e dava uns tapinhas amigáveis na minha cabeça:

— Relaxa, Tim. Não se preocupe! Ele era como você quando jovem. Por isso só quer evitar que você cometa os mesmos erros... Ele gosta de você!

— Ele tem um jeito nada engraçado de demonstrar isso!

— Se não gostasse de você, não se importaria em corrigir seus erros. Vamos, vá tomar seu banho. E parabéns pelo nocaute.

— Obrigado, Henri.

Fiquei emocionado, com os olhos cheios de lágrimas. O chuveiro me acalmou. Passei um tempo na sauna e, ao sair, o treinador me jogou uma toalha.

— Vamos comemorar sua vitória na Antoinette. Seu jogo de pernas está melhorando. Mas lembre-se de que você tem dois punhos, filho. Tem de usar os dois. Você só usa dez por cento da sua esquerda, é um desperdício! Teremos de trabalhar nisso. Mas, agora, vamos comer!

— Sim, senhor. E me desculpe pelo que aconteceu...

— Esqueça isso. Se apresse, filho. Antoinette vai ficar chateada se chegarmos muito tarde...

Uma hora depois, Antoinette, uma amiga do clube que era dona de um restaurante, nos presenteou com seu famoso coelho com mostarda. Depois de comer o coelho quase inteiro, a lindinha Antoinette começou a rir:

— Ei, Tim! É melhor tirar uma foto sua do que convidá-lo para jantar!

Ela ainda me trouxe um pote grande de molho, que jogo no prato lambendo os beiços. Eles me olhavam incrédulos, e Henri pergunta:

— Onde você coloca tudo isso?

— Estou em boa forma! Ainda poderia comer a sobremesa e depois ir treinar.

Meu treinador ria.

— Ah, vá, depois de tanta comida você não consegue fazer nem trinta flexões!

— Quer apostar?

Levantei da cadeira, fui pro chão e fiz sessenta flexões! Nas últimas dez, parecia que estava equilibrando a Torre Eiffel no meu traseiro. Mas eu não deixaria de erguer a Grande Girafa diante dos lindos olhos de Antoinette. Queria me exibir pra ela.

O soco na orelha e o coelho da Antoinette criaram um vínculo entre nós. Passei horas maravilhosas de amizade verdadeira e viril naquele clube. Os treinos serviam como recriações da minha vida de dificuldades e solidão. Mas agora eu passava todas as noites e fins de semana na academia, esperando a luta. Esse era o meu novo propósito: lutar.

Sábado à noite eu me extasiava com o aquecimento no vestiário, a chamada nos alto-falantes, a saída, o longo túnel, o ginásio pegando fogo. As pessoas se aglomeravam ao meu redor. Eu precisava ir abrindo caminho para me aproximar do quadrado iluminado. Curvava o corpo e passava entre as cordas. Henri amarrava minhas luvas e me dava um tapinha no ombro. Lá estava eu, sozinho num canto, com frio na espinha, nervoso, com medo, enquanto a multidão gritava eufórica e meu oponente me encarava do canto oposto. O gongo nos jogava um contra o outro...

Para uma criança de rua como eu, o boxe foi um presente extraordinário. Aqueles homens cuidavam de mim, me observavam e me ensinavam aquela arte sutil que muitos, por ignorância, consideram violenta. O boxe é, na verdade, uma escola de ternura, cuidado e humildade.

Após a luta, o perdedor aceita o veredito e o vencedor o cumprimenta. Os dois erguem os braços e se abraçam em respeito mútuo.

Mas o boxe não era suficiente para drenar toda a minha violência. Bastavam certos reflexos, atitudes e olhares para desencadear a tempestade. Em alguns casos, era difícil conter a raiva.

Trabalhava com Pierrot, um rapaz de trinta e cinco anos, pai de treze filhos, que também vinha do reformatório. Bebia muito. Era um alcoólatra que ficava mais deitado do que de pé. De vez em quando queria arrumar briga. Um dia, de cima do andaime, ele me pediu uma ferramenta, chamando-me de «filho da puta». Meu sangue subiu. Joguei minha espátula na cara dele, abrindo-lhe um tremendo corte.

Ninguém mandou insultar minha mãe. O fato de ela ter me abandonado não o autorizava a dizer coisas ruins sobre ela. Pierrot saiu gemendo e foi para a enfermaria. Meu chefe me dispensou por três dias, e Pierrot nunca mais trabalhou na minha equipe.

Fora isso, as coisas andavam bem. Após dois anos de aprendizado, obtive meu certificado como escultor pela Associação dos Artesãos. Não tinha ainda dezoito anos — era o mais jovem licenciado da França, graças à derrogação do presidente. Naquele dia, vibrei de alegria. Dobrei cuidadosamente meu certificado, montei na bicicleta e pedalei a toda velocidade por sessenta quilômetros até o tribunal. Entrei naquele prédio imenso como se fosse a minha casa. Passei pelo longo corredor, encontrei meu banco vermelho e a porta do escritório da minha juíza predileta. Quis entrar, mas um guarda me proibiu porque eu não tinha hora marcada. Comecei a berrar como um louco, chamando no corredor:

— Senhora juíza, senhora juíza!

As pessoas se perguntavam o que estava acontecendo, os seguranças queriam me expulsar, mas continuei gritando. De repente, minha juíza apareceu. Ufa, ela tinha me escutado!

— O que está acontecendo aqui? Ah! É você, jovem! O que está fazendo aqui? Pode me explicar essa confusão?

— Lembra que dei a minha palavra, senhora? Prometi que, se você me desse uma chance, eu venceria. É isso: venci! Recebi meu certificado de escultor... E pedalei até aqui só para lhe mostrar!

Percebi que ela estava muito ocupada, mas ainda assim me recebeu.

— Por favor, meu jovem, entre...

Entrei no gabinete, tirei o precioso documento do bolso. Desdobrei com todo o cuidado, como se estivesse coberto de ouro, e o entreguei a ela.

— Veja, é para você! Eu disse que iria ganhar!

— Não, é seu!

— Não, senhora! Ganhei graças a você. Ganhei para você... É seu.

Ela percebeu a minha determinação. Pegou o diploma, olhou para ele com atenção. Sussurrou um «obrigada». Podia ver ainda mais gratidão no seu olhar. Sentia-me feliz como um rei. Acabara de ganhar o melhor presente da minha vida. Dois anos de perseverança, lutando contra os meus demônios, contra o frio e o calor, contra a zombaria e a humilhação, contra o cansaço e o desânimo. Era uma vitória importante, mais importante do que qualquer uma no ringue.

Abracei e beijei a minha juíza para agradecer. Ela ficou com o meu certificado na mão... e eu saí dançando, com o coração cheio de ternura. Brinco com o segurança e a secretária:

— Não preciso de hora marcada... Sou filho dela!

Saí pedalando para rever meus amigos Jean-Luc, Jacques e os outros. Fizemos uma festança para celebrar a vitória.

Alguns dias depois, a polícia me parou. Deparei outra vez com o gordo e o magro do batalhão. Tinha acabado de comprar uma moto para comemorar o meu sucesso. O policial gordinho sorria e o magrelo, sempre com aquela cara fechada, tentava encontrar algum problema. Queria saber se a moto era roubada.

— Estranho... Não consigo encontrar o número do chassi...

Ele investigava, inspecionava, farejava... Estava tão obcecado com o número do motor que me aproximei do carro deles, estacionado na beira da estrada, e perguntei desconfiado:

— Este carro é seu, senhores?

Ousei levantar o capô.

— Tem certeza de que é o motor original? Não consigo encontrar o número do motor... Suspeito... Muito suspeito! Vocês por acaso não roubaram esse carro, não é mesmo, senhores?

O gordinho segurava o riso, mas o magrelo, que tinha um senso humor compatível com a minha paciência, ficou bravo e exclamou:

— Não é porque você é protegido da juíza que pode sair fazendo o que bem entende, rapaz!

Sacou o formulário e preencheu com a sua advertência preferida: que eu havia «insultado um policial no desempenho de suas funções»... e mais uma ou outra infração.

— Acredite em mim, vou mandar para a sua mamãe. Ela vai saber o que você anda fazendo! E as coisas não vão ficar nada boas para você!

Eu dei risada e fui direto à minha juíza.

— Senhora, permito-me avisá-la de que não sou apenas filho do presidente, mas também seu filho, e que a senhora receberá algumas notificações a meu respeito. Porém, não se preocupe: estou indo muito bem e não tenho feito nenhuma besteira!

Eu não era apenas o mais jovem a ser certificado como escultor, mas também o primeiro do *ranking*. Por isso, recebi muitas ofertas de emprego. Um dos examinadores era chefe de uma grande construtora e me contratou imediatamente como trabalhador qualificado de segundo grau. A lei exigia que eu apresentasse o meu diploma ao empregador. Droga! Tive de voltar para ver a minha juíza preferida, sem hora marcada. O segurança de plantão me deixou entrar.

— Ah, é você de novo! Sua mãe está no escritório.

Eu estava numa afobação danada:

— Senhora, desculpe chegar assim, correndo, mas preciso do meu certificado para ser contratado.

Ela tinha pendurado o diploma na parede... Emoldurado!

— Pegue aqui, estou orgulhosa de você.

— Obrigado, senhora! Depois volto para devolver a moldura...

— Não, não! Escolhi pensando em você! Pode ficar com ela!

Por dentro, estava me sentindo o máximo. Aquele elogio me fez perder o ar. Saí de lá ainda mais feliz do que da primeira vez. Estava muito orgulhoso por ela estar orgulhosa de mim.

No dia seguinte, apresentei meu certificado, com sua moldura dourada, à secretária da empresa, que exclamou:

— Mas olha só... É uma obra de arte!

Estufei o peito, como um pavão. Meu chefe me nomeou «trabalhador qualificado de segundo grau» e, alguns meses depois, me colocou como líder de equipe. Tinha uma boa garganta, era competente, e os funcionários me adoravam.

Mas não era nada fácil. Eu liderava uma equipe de argelinos, marroquinos e tunisianos com quem dividia um alojamento. Passávamos o tempo todo juntos. Nunca esquecerei a minha primeira noite com eles. O alojamento media quatro metros por dois e cinquenta. Em frente à porta da entrada principal, tinha uma pia debaixo de uma janelinha. À esquerda e à direita, beliches encostadas em uma parede forrada de pôsteres de mulheres nuas em posições inconfundíveis. O local tinha um cheiro nauseante de suor, urina e mofo.

Naquela primeira noite, não dormi. Um trabalhador italiano sussurrou no meu ouvido: «Cuidado! Eles vão furar você enquanto dorme».

Fiquei alerta ao menor ruído. O dia raiou e eu ainda estava intacto, mas exausto.

Meus quatro companheiros dormiam como pedras.

Eles não me furaram — pelo contrário! Acabaram se tornando verdadeiros amigos e até irmãos de coração, a quem devo muito. Foi uma bênção a vida nos unir. À noite, íamos jantar juntos num puxadinho ao lado, onde preparávamos as nossas refeições. A família deles estava longe, e a minha também. Eles me receberam como um parente. Depois das refeições, os tunisianos tocavam música, os argelinos cantavam e os marroquinos dançavam. Eram momentos mágicos, nos quais aqueles homens, que trabalhavam arduamente o dia todo gastando as mãos no cimento e na pedra, tiravam dos seus instrumentos harmonias delicadas e melodias cheias de graça. Nosso alojamento se tornou um verdadeiro salão das Mil e Uma Noites.

Esses homens viviam com muito pouco. Eles se sacrificavam por suas famílias, a quem enviavam a maior parte do pagamento. Iam visitá-las por apenas um mês no ano e, em seguida, voltavam para um longo ano de solidão.

Certa noite, em frente à pia do alojamento, encontrei Mohammed de joelhos. Ele falava, gemia e chegava a dar uns uivos incompreensíveis enquanto se deitava no chão. Dei um tapinha no ombro dele.

— Mohammed, você está bem?

Ele não respondeu nada e continuou seu lamento. Uma hora depois, durante a refeição, eu o questionei.

— Você está se sentindo melhor?

Ele respondeu que eu não deveria me preocupar, porque era assim que os muçulmanos oravam. Pensei que ele estivesse doente! Mohammed me explicou sua crença e seus rituais diários. Eu não sabia nada sobre o islã, e nem sobre o cristianismo.

Nossa vida comunitária durou um ano e alguns meses. Aqueles amigos sentiram minha paixão e meu entusiasmo juvenil pelo boxe. Eles me encorajavam e se alegravam por mim. Quando ia lutar em algum país estrangeiro, trazia-lhes presentes e lembranças. A gratidão deles tocava o fundo do meu coração.

Eu amava a minha dança com socos. No ringue, reencontrei o trabalho de pés herdado dos guerreiros iroqueses, a velocidade do golpe, certa graça nos movimentos silenciosos, desconcertantes. Eu aprimorava e afiava essas armas que tinha herdado do meu pai... E achava que um dia as usaria contra ele.

Amei o boxe profundamente. Era um esporte que combinava perfeitamente comigo. Por causa dele, enfim passei a existir para as pessoas. Eu era minimamente importante. Quando uma sobrancelha estourava com um golpe, alguém cuidava de mim. Sentado no *corner*, falavam comigo, me orientavam, faziam massagens, e meu treinador sussurrava em meu ouvido:

— Vá em frente, filho... Ataque-o pela direita, você consegue, você é bom!

Quando vencia, eles me davam um tapinha na cabeça para me parabenizar... E, quando subia no pódio, sobre os ombros dos meus treinadores, a multidão me aplaudia. Eu, a criança sem nome. Todo mundo queria ser meu amigo.

Jamais vou esquecer que precisei entrar num ringue para ganhar um abraço. O carinho que obtive foi graças à força dos meus punhos.

Na noite em que venci o campeonato nacional, queria celebrar o evento em um cenário digno da minha felicidade e do meu orgulho. Fugi dos treinadores e da pequena equipe de apoiadores. Caminhei por Paris, que naquela noite, sem dúvidas, se iluminou para mim. As ruas por onde passeara solitário, que havia atravessado devagar, saboreando o meu título. Dei-me de presente a suíte presidencial de um dos grandes hotéis com que sempre sonhara. Temendo que me negassem o acesso por causa da minha idade, tirei do bolso o maço de notas que ganhara com o título e coloquei no balcão.

— Tem alguma bagagem, senhor?

— Não, sem bagagem! Apenas as minhas luvas...

No elevador, o elegante mensageiro examinou meu par de luvas, pendurado em volta do meu pescoço. Duas grandes bolas vermelhas. Ele me encarou, observou o meu rosto marcado, o osso da sobrancelha colado, os hematomas, as marcas dos golpes. Não fez perguntas, conduziu-me até a grande suíte e fechou a porta, deixando-me sozinho, com a embriaguez do meu triunfo.

Coloquei as luvas no aparador real e me estiquei na cama enorme, com seus lençóis de seda. Muito — muito diferente do meu bicicletário.

Era a primeira vez que a solidão não pesava sobre mim. Eu me sentia leve como bolhas de champanhe.

Naquela noite, eu era o vitorioso. Sentia-me mais forte que meu pai.

No dia seguinte, só sairia da suíte ao meio-dia. Meio-dia. Não queria perder um segundo sequer desse grande conforto que pagara com meu suor, meu sangue, meus punhos... e meu ódio.

# 18 ANOS: DESCOBRINDO EXTRATERRESTRES

Jean-Marie era engraçado. Era meu companheiro num curso de alvenaria moderna em Compiègne. Tinha cabelos encaracolados, musculatura de garoto-propaganda de cuecas e não tirava a sua camiseta de marinheiro, listrada de branco e azul. Enquanto revisava as aulas de concreto armado, tricotava suéteres para os amigos na praia de Merlimont. O mais interessante, porém, era ver seus olhos se iluminando quando falava de Deus — e ele viajava só para falar sobre isso: era o seu *hobby* —, como se tivesse acabado de fumar um baseado.

Eu ficava me perguntando o que diabos ele estava fazendo naquele lugar, com seu visual de artista iluminado e místico.

Certo dia, no pátio, um pequeno grupo se formou ao seu redor. Jean-Marie aproveitava para falar do bom Deus, com todo o seu talento comunicativo. Todos ficavam enfeitiçados — e eu, irritado por ele roubar a cena. Mesmo assim, por conta do assunto, eu sempre me aproximava.

— Você disse que Deus veio à Terra pelos pobres?

— Sim, sim — ele responde, com brilho nos olhos.

— Para todos os pobres?

— Sim, sim, para todos os pobres...

— Onde é que o seu bom Deus estava ontem? Você leu o jornal? Viu que uma senhora tomou catorze facadas? E que uma criança foi estuprada e espancada? Onde estava esse seu bom Senhor dos pobres enquanto isso acontecia? De férias nas Ilhas Baleares?

O malandro ficou em silêncio. Eu adorava acabar com o showzinho dele. Achei que o tinha feito calar o bico, mas não! Ele começou a falar novamente. Não desistia, continuava a falar de sua fé com paixão. Afirmava que todos são muito amados por Deus, que esta era a Boa-nova. E que ele, cristão, tinha o dever de difundir aquela declaração de amor de Deus pelos homens.

Ele também nos garantia que Deus chorava com aqueles que choravam e que seu Cristo, na Cruz, tomou para si num ato de amor todo o sofrimento e todas as traições dos homens. E que sua Ressurreição nos prometia felicidade eterna... E muitas outras coisas incompreensíveis.

O que ele falava vinha de dentro. Podíamos sentir ao ouvi-lo. Era estranho porque ele me irritava e me sensibilizava ao mesmo tempo. Era um cristão corajoso que não abandonava o seu bom Deus nem na adversidade. Não fugia da arena quando soltavam os leões das contradições, jamais abandonava seu apostolado.

Não era um rapaz como os outros. Isso me intrigava. Sentia que ele tinha um impulso interior, uma alegria contagiante, uma serenidade profunda que me deixava espantado.

Naquela época, Deus não estava nas minhas prioridades. É claro que muitas vezes, quando estivera na pior, clamara por um deus desconhecido, um salvador todo-poderoso. Mas ninguém descera do céu. A criança espancada e abandonada, o homem doente que morre na solidão, o homem ferido cuja vida está virada do avesso... Todos clamam por ajuda a um Ser Supremo, mesmo que não o chamem de Deus.

Eu também gritara. Ninguém respondera. Havia colocado Deus de lado, na lista dos ausentes.

Jean-Marie me atraía e me perturbava ao mesmo tempo. Gostava de provocá-lo, de levá-lo ao limite. Certo dia, por exemplo, ele bateu na porta do meu quarto. Atirei em sua direção uma faca com a qual estava treinando. Ela cravou na madeira, bem ao lado da mão dele. Eu ri, ele não riu tanto assim — estava desconcertado, enquanto eu me orgulhava de minha estupidez. Mas ele não desanimou: voltou para me ver no dia seguinte. Que sujeito surpreendente.

Jean-Marie também me surpreendia por não se comportar como os outros. Numa outra brincadeira estúpida, atirei com um rifle no gato do vizinho, a fim de ver Jean-Marie resmungar. Quando ele me pediu para lhe emprestar a arma por um segundo, o dono do gato saiu furioso de casa e o viu com a arma na mão. Ele tomou uma bronca tremenda, mas não protestou e nem tentou provar a própria inocência. No fim das contas, ainda pediu desculpas ao vizinho zangado. Até achei certa graça em vê-lo levar a culpa injustamente. Mas ele não me censurou.

Numa segunda-feira pela manhã, perguntei o que ele havia feito de bom no fim de semana.

— Fiz uma peregrinação a Chartres. Éramos 4.500 jovens. Caminhamos, rezamos, tocamos músicas... Foi ótimo!

— Ah, é? E de que adianta essa besteira?

— Rezei por você, Tim. E pelos jovens de todo o mundo.

— Eu não te pedi nada, mas obrigado mesmo assim. Com tanta gente junta, teve muita treta nisso aí?

— Treta? Como assim?

— Porrada, quebra-quebra...

— Não, nenhuma. Sem porrada, sem quebra-quebra...

Eu não podia acreditar. Tinha certeza de que aquele cara tinha algum problema...

— Nenhuma briga? Nada? Jura por sua mãe?

— Nenhuma briga... E não preciso jurar para que seja verdade.

Observei bem a sua boca. Li seus olhos. Não, ele não estava mentindo. Incrível. Como seria possível não ter rolado uma briga sequer? Eu tinha ido ao parque de diversões em Compiègne e havia umas 1.500 pessoas lá. Só eu brigara sete vezes, sem contar uma demonstração de boxe de que participara no sábado à noite. Com música alta nos ouvidos e bebida rolando solta, sempre há alguém querendo arrumar uma treta. Para mim, multidão é igual a discussão, provocação... e briga. As coisas vão saindo do controle, as pessoas se trombam... Enfim, os ânimos se exaltam e todos começam a se tratar sem nenhuma ternura.

Jean-Marie interrompe minhas reflexões.

— Por que você está me olhando assim, como se eu fosse um marciano porque não briguei?

Eu continuava em minha obsessão pelas lutas:

— Olha só... Quatro mil e quinhentas pessoas totalmente livres para fazer o que quiser. Está doido? Poderia ter rolando umas vinte tretas!

— Não houve uma sequer. Dou a minha palavra!

Durante a semana, voltei a essa história um monte de vezes. Peregrinação sem treta? Eu ainda não tinha visto de tudo nessa vida, definitivamente.

Questionei Jean-Marie novamente, até que ele me explicou que levava pessoas com deficiência para lá. Sim, ele morava com deficientes! De-fi-ci-en-tes!

Veja bem, o cara estava me dizendo, com todas as letras, que trabalhava de graça para pessoas com deficiência. E mais: passava as folgas de fim de semana com eles!

Estava curioso; queria saber mais sobre aquele extraterrestre.

Jean-Marie morava numa casa da Arca, em Compiègne, com cerca de dez pessoas com deficiência mental. Ele me explicou que a Arca era uma obra fundada por um ex-oficial da Marinha que havia se tornado professor de filosofia, um canadense chamado Jean Vanier. Este grande homem, revoltado com a forma como alguns deficientes mentais eram rejeitados pela sociedade, além de serem tratados como vegetais nos hospitais psiquiátricos, tirou dois deles de um sanatório. Um se chamava Raphael e o outro, Philippe.

Quando criança, Raphael teve meningite e, por isso, não pôde mais falar; seu corpo tremia, e isso lhe afetava o equilíbrio. Philippe tinha o mesmo problema. Quando seus pais morreram, foram colocados num hospital, como se fossem leprosos. Jean Vanier foi buscá-los, e com seus dois novos amigos se estabeleceu numa pequena casa em um vilarejo chamado Trosly-Breuil, a vinte quilômetros de Compiègne. O ex-marinheiro de grande coração descobriu o quanto Raphael e Philippe tinham sofrido com a rejeição da sociedade e de seus parentes. Percebeu o quanto aqueles meninos precisavam de amizade e confiança.

A ideia de Jean Vanier se disseminou. Desde 1964, em toda a França e em muitos países, pessoas com deficiência mental vivem em comunidade com ajuda de assistentes.

— Nem sempre é fácil — conta Jean-Marie, com paixão. — A vida comunitária nos transforma, nos permite descobrir o essencial. Viemos ajudar os fracos e acabamos descobrindo que são eles que nos ajudam...

— O que é essencial?

— Por meio da Arca, aprendemos que somos feitos para amar. Procuramos colocar todas as nossas capacidades a serviço da construção de uma sociedade mais amorosa, onde cada um tenha o seu lugar.

— Uma sociedade de amor? Você está brincando comigo?

— Não, Tim. A Arca é um sinal de que os seres humanos não estão condenados a lutar, como você diz. A viver na guerra, numa batalha em que os mais fortes sempre acabam com os mais fracos. O amor é possível. Cada ser humano é precioso e sagrado...

Eu o escutava, sem palavras. Não tinha o que dizer. O cara era realmente um extraterrestre. Evocava um mundo a anos-luz do meu. Aquelas coisas eram totalmente incompreensíveis para mim, mas, ao mesmo tempo, eram fascinantes. Percebia mais verdade em tudo aquilo do que na minha vida — que era puro exibicionismo e violência. Havia ganhado vários títulos de boxe e luta livre. Todos se aglomeravam ao meu redor, me louvavam. Nunca tivera tantos amigos.

Cafés, restaurantes, boates... Era tudo de graça para mim, e esse prestígio aumentou minha turma, que na época contava com cerca de cinquenta jovens. Minha glória se refletia neles. O meu apelido era Explosão. Estávamos espalhados em um raio de sessenta quilômetros. Eu era um rei. Meu segundo sonho tinha se tornando realidade.

Mas não era feliz. E não sabia o porquê.

Minha vida era tão agitada que não tinha tempo para essas grandes perguntas filosóficas.

Certo dia, um belo carro parou perto de mim enquanto eu conversava com alguns amigos na rua. Um cavalheiro distinto caminhou em minha direção, enquanto o seu motorista ficou do lado de fora do carro, segurando a porta aberta. Um dos meus amigos sussurrou:

— Se liga no figurão que veio te ver...

Aquele cavalheiro elegante estava realmente vindo em minha direção. Cumprimentou-me e disse:

— Olá, senhor...

Que engraçado, era a primeira vez que alguém me chamou de senhor. Ele me parabenizou pelo meu histórico e acrescentou:

— Minha esposa e eu ficaríamos muito honrados em recebê-lo para um jantar na próxima quinta-feira.

— Sim, claro. Não se recusa um bom jantar. Aliás, quem é você?

— O prefeito, senhor.

Ele entrou no seu carrão, acenando para mim. Estava pasmo. Antes de ser um pequeno campeão, eu era um menino mau. E naquele dia o prefeito me chamou de «senhor» e me convidou para jantar. Meus companheiros brincavam:

— Olha só... É assim, é? Agora o bonitão vai entrar para a elite?

Eu só ouvia.

Na quinta-feira seguinte, fui ao endereço indicado. Um mordomo abriu a porta e me ajudou a tirar a jaqueta de couro. Fez uma careta quando viu, nas costas, a estampa de uma águia bicando uma caveira, que era o símbolo da minha turma. Seu nome era Nestor. Depois de me ajudar e estranhar a estampa da minha jaqueta, ele arrumou seu paletó e foi me conduzindo pelo caminho. Entrei numa grande sala de estar onde várias pessoas já me esperavam. Todos se viraram para me receber. O prefeito me apresentou a um senador, a um industrial e a um banqueiro. Só a nata da sociedade — todos vestidos de forma impecável. Eu era o único sem gravata, usando jeans e camiseta, lenço no pescoço, botas de motoqueiro e uma pulseira cravejada, sempre útil nas brigas.

Com muito gosto, sentei-me ao lado da mulher do prefeito. Nunca tinha visto tantos talheres numa mesa, parecia que tinham esvaziado os armários! Na minha frente havia três pratos, duas facas, dois garfos, duas colheres. Tudo de prata. Passei boa parte do jantar contemplando a beleza daqueles talheres. Para adivinhar qual deles usar, fiquei observando o prefeito, enquanto os outros estimulavam a minha vaidade. O industrial dizia que eu era «ótimo», o banqueiro afirmava que eu era «demais». «Estão delirando!», pensava.

Meus amigos ficaram estupefatos quando contei a eles sobre o jantar na casa do prefeito. Rimos muito da história toda. É sempre bom relaxar depois das futilidades glamorosas da alta sociedade. Meus amigos diziam: «Agora, sim, você é uma celebridade! Só anda com figurão!».

Adorava me exibir. Era a forma como vencia a minha insegurança por ser diferente. Minha vida era uma bagunça, e por isso eu vivia como se fosse um personagem que transbordava saúde e força. No entanto, no fundo, meu coração estava sempre triste. Minha existência era tão inócua quanto um trono sem rei. E nem as emoções e bajulações do boxe preenchiam o vazio que sentia dentro de mim.

Jean-Marie, por outro lado, era autêntico. Não vivia como um personagem. Ele dizia o que acreditava e vivia o que dizia. De alguma forma, isso me perturbava.

Numa sexta-feira, encontrei-o no vestiário após o estágio. Perguntei-lhe se poderia me levar à peregrinação a Chartres naquele fim de semana. Ele me explicou que era uma peregrinação anual, e por isso seria preciso esperar um ano. Como assim? Fiquei atordoado...

— Bem que eu que era papo furado! Você pensa que me engana...

Furioso e decepcionado, ataquei um *Paris-Brest* nele e saí batendo a porta. No pátio, soou o sinal que anunciava o final das aulas. Parti, contrariado.

Como sempre, passei o sábado e o domingo solitário no meio das multidões, entre florestas de silêncio e feiras barulhentas, bailes e bares. Eram esses os meus dois mundos, que dentro de mim viviam em conflito.

# 18 ANOS: DESCOBRINDO EXTRATERRESTRES

Tinha uma necessidade vital de contato com a natureza, de buscar certa paz com longas caminhadas pelo bosque, onde costumava encontrar o olhar gentil e inocente de um cervo. Ouvia aquele som das florestas, ia andando no meio das árvores e arbustos de forma tão natural que, às vezes, aproximava-me dos animais a ponto de passar a mão neles.

Porém, mal saía daquele ambiente de cumplicidade com a natureza, logo me juntava à minha turma para fazermos alguma bobagem no sábado à noite. Eram danças frenéticas com música alta, muita bebida alcoólica, passeios de moto e algumas brigas para impressionar as garotas. Só o excesso conseguia afugentar a onda do meu passado que se erguia diante de mim quando a felicidade dos outros me dava uma verdadeira bofetada na cara.

Na segunda-feira, meus colegas de estágio vieram me dizer que eu tinha sido duro demais com Jean-Marie e que eu deveria pedir desculpas a ele.

— Podem esperar sentados... — respondi, ironicamente.

Ainda estava zangado: «Tudo o que ele me disse é mentira!». Na verdade, porém, eu já não tinha tanta certeza...

Naquela mesma noite, resolvi verificar se ele morava mesmo com pessoas deficientes. Deixei a bicicleta em frente a uma casinha localizada em um beco em Compiègne. Ouvia gargalhadas e outras manifestações de alegria. Bati na porta. Uma garota com deficiência abriu e me perguntou:

— Oi. Quem é você? Qual o seu nome?

Fiquei tão impressionado com sua condição que nem consegui responder. Ela repetiu a pergunta três vezes, mas eu não encontrava nada para dizer — eu, o campeão de boxe, o cara que andava com os figurões, não conseguia achar uma palavra sequer. Foi quando Jean-Marie chegou e disse:

— É meu amigo Tim. Um cara legal, você vai ver!

— Ele é realmente um extraterrestre — pensei comigo. — Sou um boçal com ele, e ele ainda me chama de amigo e de cara legal!

Jean-Marie me deixou entrar. Eu não estava à vontade, não sabia o que fazer: não tinha o controle da situação. Um menino deficiente desceu as escadas e perguntou o meu nome. Respondi, e, colocando a mão no meu peito, ele disse:

— Você é um cara legal, Tim!

Meu Deus. Aquelas palavras me surpreenderam. Senti-me acalentado com toda aquela doçura. Acho que nunca tinham me dito que eu era um «cara legal». Quando pequeno, fui sempre um «bastardo»; depois, campeão de boxe, tornei-me «ótimo» e «incrível». Aí aparece um menino deficiente, com uma vozinha afônica e uma boca distorcida, dizendo que sou «um cara legal». Pode parecer bobagem, mas para mim aquilo foi um presente. Aquele menino me levou a nocaute. O primeiro da minha carreira.

Pela primeira vez na vida, encontrei-me de joelhos, com o coração saindo pela boca.

— Meu nome é Philippe — disse ele, com dificuldade.

— Vem comer com a gente! — exclamou, me puxando pela mão.

Não pude recusar e fui me deixando levar para a mesa. A refeição era simples, mas o ambiente era o mais alegre que já vira. Todos se ajudam, todos sorriem e são gentis. Nossa memória se aguça nos momentos felizes, e por isso jamais esquecerei o cardápio: tomates recheados.

Fiquei ali olhando para eles, refletindo. O menino me convidou porque me achou *legal*, não porque eu era campeão. Ele ignorava a minha fama, o meu currículo, as minhas lutas e as minhas confusões. Todos alienígenas — essa era a única explicação. Não se pareciam nada com outros homens. Tinham relações simples e diretas: se gostassem de você, simplesmente diziam; se não gostassem, apenas ignoravam. Eram pessoas cheias de pureza e espontaneidade num mundo frio e calculista. Eram sinceros, sem exibicionismo, sem fingimentos... Um alívio.

Lembro-me das estranhas palavras de Jean-Marie:

— A Arca é uma grande família. Um dom do Espírito Santo para dizer ao nosso tempo que o coração do homem não está no conhecimento, na inteligência, nas técnicas, no poder... mas no amor. Para isso, Deus escolheu manifestar-se por meio de pessoas que sofrem, pessoas fracas, pobres, simples.

Estava começando a entender o negócio.

Depois da refeição, todos foram lavar a louça rindo e contando piadas. Philippe, meu novo amigo, perguntou:

— Você vem ver Jesus conosco?

Por que não? Eu me sentia bem com eles. De repente, me dei conta de que, para visitar o tal Jesus — na hora, realmente achei que se tratasse de mais um de seus amigos; com esse nome, provavelmente um português —, teria de cruzar a cidade. Imagine! Eu, o temido líder de gangue, com uma águia e uma caveira nas costas, cruzando a cidade com um monte de deficientes que, duas horas antes, dizia que eram retardados. Quem era o doente, então? Eu sei, não é preciso responder.

Não dava tempo para me arrepender. Jacqueline, a que abrira a porta para mim, me tomou por um braço e sua amiga Sophie, pelo outro. Lá íamos nós, de braços dados. Jacqueline andava mancando e se apoiava em mim. Já Sophie aproximava o rosto bem perto do meu e repetia, lançando generosos perdigotos: «Eu gosto de você, Tim, eu gosto de você!». Atrás de mim, aquela fila de meninos deficientes. Fiquei imaginando o que os meus amigos teriam dito se me vissem com eles.

Meia hora depois de termos atravessado a cidade, chegamos ao destino da viagem: uma praça na qual havia uma igreja. Um inglês saudava a todos: «Olá, meu irmão; olá, irmãzinha». «Mas que família grande, são todos irmãos...», eu pensava. Até que ele se dirige a mim:

— Tudo bem com você, irmão?

Mas que história era essa? Eu nem sabia quem era aquele cara... Só sabia que eu não era irmão dele! Até tenho irmãos, mas fomos separados pela vida. Fiquei invocado com aquele inglês, pois não suporto que um estranho me diga uma palavra que nem os meus familiares ousaram me dizer. Pensei em cuspir nele. «Cavalheiros, as suas cuspidas!», dizia o meu saudoso Léon. Porém, no mesmo instante, meu amigo Philippe me puxou pela manga.

— Venha, vamos ver Jesus.

Ele chegou bem a tempo de evitar que eu fizesse uma besteira.

Finalmente iria conhecer seu famoso amigo Jesus. Mas quem era? Eu realmente não fazia ideia. Cheguei a pensar que pudesse ser o zelador da igreja...

Tudo bem. Entramos na capela. O silêncio reinava. Havia cerca de cem pessoas ajoelhadas no escuro. Fiquei ali parado, sem entender nada. Na minha frente, um projetor iluminava uma grande cruz. Reconheci, ali pendurado, o sujeito que tantas vezes havia visto na beira das estradas, nas encruzilhadas — aquele peregrino de cabelos compridos, seminu, de rosto contraído e com um ferimento ao lado do peito, pregado pelas mãos e pelos pés. Enfim me dei conta de que Jesus não era um amigo português dos meninos, mas aquele a quem chamamos Cristo.

Outra surpresa: as pessoas não estavam olhando para a imagem de Jesus na cruz, mas para algo que estava no centro, em cima do altar. Perguntei a Philippe, em voz baixa:

— Eles são burros? Estão olhando para o lado errado. A imagem está lá... Por que estão virados para o outro lado?

Atrás de nós, alguém pede: «Silêncio, silêncio!». Isso me irritou. Philippe sussurrou no meu ouvido, apontando para o objeto em forma de sol dourado que estava sobre o altar:

— É Jesus. O corpo de Cristo. O Santíssimo Sacramento.

Ah!... Se aquele menino fosse capaz, quer dizer, normal, teria respondido a ele: «Pare com essa bobagem, você está maluco? Do que está falando?». Mas ele estava sendo tão gentil e paciente comigo que preferi me calar.

Já estava entediado. Ficava olhando aqueles meninos todos prostrados. Lembravam os meus companheiros de obra muçulmanos, que prostravam-se de forma parecida nos horários de oração. Alguns deles fechavam os olhos. Era tudo muito esquisito pra mim.

Também fiquei olhando o sol dourado. Era difícil acreditar que as pessoas viajavam quilômetros para ficarem ali, sem falar nada, diante de um disco branco que chamam de Jesus. Parecia uma boate sem música, sem álcool, sem dança, onde ninguém se divertia! Eu sabia que era uma hóstia porque as tinha comido muito quando garoto, no tabernáculo da igreja frequentada pela megera fazendeira com quem havia morado. Ué, aquilo era apenas pão. Não entendia por que falavam tanto em ostensório e Santíssimo Sacramento... Aquelas palavras eram chinês para mim. Ou latim.

De qualquer forma, fiquei impressionado com a expressão nos rostos deles. Alguns pareciam irradiar luz. E todos eram pacíficos, calmos, serenos. Pensei, então, comigo mesmo: «Se eles podem ver Jesus ali, por que eu não posso? Não sou mais burro que ninguém. Vou tentar. Vou me ajoelhar e... pronto, deve funcionar».

Fiquei de joelhos por cinco minutos, mas não consegui ver nada. Devo ter esquecido algum passo. Ah, sim! Fechar os olhos. Provavelmente era preciso fechar os olhos primeiro. Certo, tentei de novo. Levantei, fechei os olhos e voltei a ficar de joelhos... Cinco, dez, quinze segundos. Abri os olhos e... nada. Não queria que a noite passasse em branco! Tentei novamente. Tudo igual. O anfitrião permanece ali, no sol que continua a me olhar...

Comecei a ter cãibras. Precisava me mexer, mas me mantive ali, atento a qualquer sinal. De repente, um sujeito com um grande manto branco se levantou, pegou o sol e levou Jesus para trás de uma coluna.

— Owww, não leva ele... Ainda não consegui ver! — gritei.

Ele poderia avisar antes que iria levá-lo! O cara com o grande manto branco virou-se para mim. As cem pessoas que estavam lá se viraram para mim. Tive a impressão de que até Cristo na Cruz se virou para mim. Seus olhos têm a mesma expressão gentil, divertida. Acho que pensavam: «Olha aí, encontramos um deficiente mais deficiente do que os deficientes!».

O homem do manto coloca Jesus em um cofre e o tranca. Curioso: vi que ele dera duas voltas na chave. Fiquei impressionado ao saber que Jesus ficaria preso. Queria ajudá-lo a escapar. Estava chamando aquele pedaço de pão fino, quase transparente, de Jesus. E isso me deixou estupefato... Por quê?

Saímos da igreja. Foi a primeira vez que não comecei uma briga no meio da multidão. O inglês em quem quase cuspi se aproximou de mim.

— Gostou, irmão?

O idiota fez de novo. Relevei e respondi:

— Sim, é estranho. Muito estranho. Engraçado, até...

Ele deve ter me achado doido, porque foi embora sem dizer nada.

# COM UM PADRE NA MINHA GARUPA

quela noite com Jesus e os deficientes me deixou confuso. O que estava acontecendo? No mês seguinte, fui menos ágil em minhas vitórias no ringue. Temia que Jesus estivesse me transformando num fracote.

Para concluir a história, na noite de adoração de Jesus com os deficientes, uma garota do grupo, que era arquiteta e se chamava Karine, ofereceu-me uma carona para casa na saída da igreja. Estava com a minha moto, e por isso disse a ela que não precisava se incomodar.

Mas ela insistiu. Queria conhecer a minha casa, mas eu não gostei nada da ideia. Ainda morava no alojamento da construção, com seus beliches e pôsteres de pornografia. Tentei desencorajá-la, mas em vão.

— Está bem, você realmente quer conhecer a minha suíte no décimo segundo andar do Hilton? Vamos, senhorita! Você não vai se decepcionar...

Ela foi dirigindo. Estacionamos perto das cercas da construção. Num tom um pouco preocupado, perguntou onde estávamos. Entramos no local, abri a porta do alojamento e a convidei para entrar. O inverno era rigoroso; lá dentro estava um gelo. Uma única lâmpada iluminava todo o ambiente. Foi um passeio rápido. Não preciso dizer que fiquei muito envergonhado com as «obras de arte» na parede. Karine era uma garota pura, não queria impressioná-la. Acima de tudo, não queria que ela me julgasse por aquele lugar. Mas ela insistiu... Gostei. Karine não se parecia com as outras garotas. Via algo nela... Era doce e ao mesmo tempo determinada.

Não queria deixá-la ir embora. Então, fomos tomar um sorvete. Ela me contou que era de origem judaica e que tinha se convertido ao catolicismo na Arca, onde era responsável por uma das casas. Queria dedicar a vida aos mais pobres e sonhava em ir para Honduras abrir uma casa. Honduras? Eu conhecia, graças a saudoso Léon. Comecei o meu show fazendo um relato completo do país. Ela ficou surpresa... Surpresa! É estranho. Estava conversando uma garota linda, mas não estava flertando com ela.

Passei a vê-la com frequência. Ela não temia a minha aparência grosseira. Sua amizade não era bajulação nem submissão. Era natural, saudável. Eu gostava de estar com ela — era uma boa garota, daquelas que não pensamos em seduzir.

Certa noite, ela me deu carona outra vez e encontramos Mohammed. Apresentei os dois, conversamos um pouco. Depois que Karine foi embora, perguntei ao meu amigo argelino, cujo gosto por mulheres eu conhecia bem:

— O que achou dela?

Ele também estava encantado. Quando lhe explico que ela queria dedicar a vida aos pobres de Honduras, ele franze a testa e arregala os olhos: «Olha só!». Depois, um suspiro: «É... Ela é uma boa garota». Sim, Mohammed confirmou o que eu já havia percebido. Fiquei feliz.

Em setembro de 1975, Karine viajou para Honduras. Foi morar na favela de Tegucigalpa. Fiquei revoltado com a sua partida. Pela primeira vez, havia encontrado uma garota especial — eu, que só conhecia prostitutas ou aquelas garotas fáceis que me olhavam com interesse. Karine havia me deixado. Fora morar com os pobres no fim do mundo. Mas e eu? Eu também era pobre!

Com o passar dos dias, minha revolta diminuiu. Fui percebendo a sorte que tive em encontrá-la no meu pedregoso caminho. Ela foi responsável pela mudança do meu olhar deselegante em relação às mulheres. Karine foi minha primeira irmã cristã.

Pouco antes de partir, ela me apresentou a um irmão de coração, Fernando. Grandalhão, também arquiteto, jogava rúgbi e era treinador dos juniores. Todo mundo o chamava de Toto. Foi amizade à primeira vista: ele adorava festas, tinha um coração enorme e me chamava de «irmãozinho» — coisa que já não me incomodava mais. Ensinou-me a jogar rúgbi e tinha bons amigos, pessoas muito especiais.

Toto estava tentando colocar algum juízo na minha cabeça. E havia muito trabalho pela frente! Tinha uma paciência de anjo para me ajudar quando eu começava com minhas besteiras. Às vezes eu passava por umas recaídas, mas ele estava sempre por perto para me ajudar.

Minha gangue já tinha quase oitenta membros. Viajávamos de moto até Maubeuge ou Pontoise para semear a discórdia nos bailes. Eu aproveitava para vender drogas e aumentar o saldo da minha conta bancária, que já andava bem recheada com os prêmios das minhas vitórias.

O pessoal da Arca era bem pobre, e o modo como viviam sempre me surpreendia. Visitava-os regularmente para tentar entender o estranho planeta que habitavam — enquanto eu frequentava dois mundos contraditórios, cada vez mais distantes. Dentro de mim, abria-se um abismo.

Os arqueanos insistiam em que eu deveria conhecer um padre que se chamava Thomas Philippe e que ajudara a fundar a Arca com Jean Vanier. Ele morava em Trosly. Diziam que seu coração ardia de amor por todos os feridos pela vida.

— Você vai ver, ele é um santo! Você precisa de falar com ele — diziam.

— Um santo como Dom Bosco e Vicente de Paulo?

— Sim, sim. Um homem que transborda amor.

Decidi conhecer o santo de Trosly. Descobrira a vida de Dom Bosco e São Vicente nos quadrinhos quando tinha catorze anos. Lera, relera... e sempre chorara de emoção. Esses grandes homens me fascinavam. Dom Bosco fora uma força da natureza, alguém que dera a vida pelos meninos de rua, que fizera truques de circo com eles e levara suas roupas sujas para a mãe lavar e passar. São Vicente lutara pela dignidade dos prisioneiros, resgatara escravos e crianças abandonadas. Foram heróis.

Viajei para encontrar o «santo» Thomas Philippe. Imaginava um encontro com Dom Bosco. Cheguei a Trosly e procurei por ele.

— O padre? Está celebrando a Missa.

Entrei na capela dos arqueanos bem na hora da comunhão. Fiquei no final da fila. Parei na frente de um homem pequenino, vestido de padre, o rosto como um pergaminho, careca e com uma coroa de cabelos escuros em volta da cabeça, feito os monges nas tampas das caixas de Camembert. «O corpo de Cristo», ele me disse, estendendo a hóstia, achando que eu queria receber a comunhão. Toquei no seu ombro — uma saudação das ruas —, e percebi tratar-se de um homem frágil. Desapontamento — essa é a palavra. Thomas era apenas um homem pequenino, meio atrofiado, e por isso pensei: «Não é santo coisa nenhuma!». Como poderíamos compará-lo a um gigante como Dom Bosco? Os santos são homens grandes, fortes, bonitos. Sabia disso porque passava os dias entre eles na Abadia de Saint-Riquier, restaurando as estátuas de João Batista, Pedro, Estevão. Não eram homens pequeninos como Thomas Philippe.

O padre permanecia imóvel com a hóstia na mão. Estava surpreso com o meu comportamento. Virei as costas para ele e saí da capela.

Caminhei em direção à minha moto, decidido a sair de lá o mais rápido possível, quando um rapaz deficiente se aproximou de mim e me mostrou sua bicicleta, todo orgulhoso.

— Meu nome é Didier. Minha bicicleta é linda, não acha?

Ele fala rindo, a toda velocidade, engolindo as palavras e a saliva. Não entendo o que está murmurando e não dou a mínima para a bicicleta dele. Mas ele insiste.

— Olha a minha bicicleta! Olha a minha bicicleta!

Certo. Olhei a bicicleta do Didier, que ele não parava de polir. Não tinha escolha: se não olhasse, não conseguiria ir embora. O padre Thomas surgiu naquele momento. Veio em minha direção. Tentei fugir, caminhando para onde estava a minha moto. Ele me seguiu. Fiquei envergonhado, e ele avançava frágil, todo debilitado, em sua túnica branca. Aquele homem pequenino me intimidava. E dava para ver que, debaixo daquelas sobrancelhas grossas, seus olhos eram doces e amáveis.

Dei partida na moto. Ele se aproximou de mim e começou a falar sobre motocicletas. Fiquei surpreso. Meus amigos arqueanos tinham me avisado: «Ele tem uma mente brilhante! Um campeão em filosofia e teologia, e um dos caras mais inteligentes do planeta», além de mais uma série de elogios. Agora o «supercabeça» está interessado na minha moto! Na verdade, interiormente, ele me dizia: «Vou converter você».

— Quer passear de moto, padre?

— Claro, eu amo andar de moto!

Droga! Péssima jogada! Não imaginei que ele teria coragem. Não dava mais para recuar. Ele subiu na garupa, e eu avisei:

— Se segura!

Saí acelerando. Pensei: «Meu caro, você me encurralou e vai pagar por isso!». Tinha um frade usando uma túnica branca na minha garupa — sem problemas, desde que meus amigos não me vissem! Queria que aquele passeio fosse inesquecível para o padre, isso sim. E me esforcei para isso

Fomos para Compiègne sem respeitar muito os limites de velocidade. Na cidade, fiz uma rota bem alternativa, pegando os caminhos que desvendara para despistar os policiais ou impressionar as garotas:

descidas de escadas, derrapagem nas calçadas, andar na contramão e só com a roda traseira, cantar pneus e esticar as marchas nas avenidas. Um passeio ideal para dar emoção às minhas conquistas. Na garupa, sentia que o pequeno padre estava se segurando. Ele não dizia nada. Devia estar verde, morrendo de medo.

Pegamos a estrada para Trosly pela floresta. Ele me apontou uma pequena casa perto da capela. Parei. Ele desceu. Irônico, perguntei:

— Gostou?

Seus olhinhos úmidos se abriram e ele respondeu, com uma voz fina:

— Foi bom, muito agradável!

Isso me deixou totalmente confuso! Fiquei imaginando o que poderia impressioná-lo, quando então ele segurou a minha mão e me propôs, com gentileza:

— Você não gostaria do perdão de Jesus?

Fiquei olhando para ele, com um grande ponto de interrogação no fundo dos olhos:

— Perdão...? Do que você está falando?

Ele soltou a minha mão, deu um passo para trás, pensou por um segundo e disse uma frase mágica:

— Isso pode fazer muito bem para você!

Eu não passava de um bandidinho infeliz. Seria tolo se não aproveitasse as oportunidades para fazer algum bem a mim mesmo. E estava determinado a aproveitar cada uma.

Ele segurou a minha mão outra vez. De repente, me dei conta de que ainda não era cristão. Recuei, puxando a mão de volta.

— Pare com isso! Eu não estou a bordo. Não sou nada! Nem batizado...

Ele me olhou surpreso. Tocou meu coração com a mão esquerda.

— Jesus conhece o seu coração. Fale com ele delicadamente, em seu coração. Ele te conhece e te ama.

Não é preciso nenhuma faculdade para conseguir isso. O padre fechou os olhos. Fechei também os meus. Não gostava do escuro, e por isso acendi a luz. Abri os olhos e olhei para ele. Seus lábios sussurravam palavras inaudíveis, e seus olhos continuavam fechados. Ele era bonito.

Era a primeira vez que encontrava um homem bonito. No entanto, não era bonito como Alain Delon, Robert Redford ou Schwarzenegger — era o pequenino padre Thomas! «Ei, Tim, você está mudando de rumo!»: eis tudo o que se passava pela minha cabeça.

Ele abriu os olhos cheios de luz e sussurrou:

— Sinto que você está bem.

Era verdade... Sentia-me em plena paz.

Enquanto estava me afastando, ele me pegou pelo braço e disse:

— Venha me ver quando quiser. Guardo a chave ali. Cuide-se!

Saí dali um pouco desnorteado com aquele encontro, com aquela oração.

Tinha um compromisso a 75 quilômetros de distância com a minha turma. Era dia de nossa excursão pelos bailes, onde eu treinava meus passos. Era sábado à noite na Terra. Ainda nem era cristão e já estava me tornando hipócrita... Procurei uma desculpa para explicar as duas horas e meia de atraso. Não iria admitir para os meus amigos tatuados que tinha ido à Missa, que levara um pároco na minha garupa e que ele me dera o perdão de Jesus!

Não precisei mentir porque meus amigos nem me perguntaram nada. Durante a festa, às quatro da manhã, fiquei com uma ideia fixa na cabeça. E se fosse visitar o padre Thomas novamente? Ele dissera para ir quando quisesse, não? Já para lá, para ver se ele falara com o coração ou se era tudo besteira. Assim, também colocaria todos os meus novos amigos à prova, a fim de descobrir se eles sabiam mesmo das coisas ou estavam se enganando.

Deixei os meus companheiros no baile. Peguei a moto e fui para Trosly. Estrada noturna, com o pé na tábua. Quando cheguei, todo mundo já estava dormindo. Encontrei a chave onde ele havia indicado, mas a porta estava aberta. Entrei na ponta dos pés. O pequenino padre dormia tranquilo. Aproximei-me de sua cama. Ele acordou, sem susto, como se já me esperasse. Levantou e sorriu. Eram quatro da manhã. Olhando-me com seus olhos travessos e brilhantes, perguntou:

— Você ainda quer o perdão de Jesus?

Por causa do horário, ele teria todo o direito de me xingar e me mandar embora. Mas ele me acolheu como um pai acolhe o filho.

O pequenino padre me converteu.

# O CHOQUE
# DO PERDÃO

Thomas Philippe, meu paizinho.

Eu era arrastado pela vontade de vê-lo. Às vezes, logo pela manhã, já saía correndo para Trosly. O padre Thomas sempre me dava o perdão de Jesus. Recebia assim, quase gratuitamente, como se estivesse tomando um trago, sem saber direito do quê. Uma consolação amorosa ia me reconstruindo aos poucos.

Gostava de vê-lo rezar de olhos fechados. Chamava-o de paizinho porque ele era um pai. De companheiro, tornou-se amigo; e este amigo eu escolhi como pai. Tive um pai da violência, e Deus me deu um pai da misericórdia. Isso mudou completamente a imagem que eu tinha da paternidade. A ideia de um Deus Pai estava se tornando possível em minha imaginação. «Se Deus é infinito, é ainda melhor que o padre Thomas... Será possível? Seria incrível!», dizia a mim mesmo.

Esses encontros tocavam meu coração. Aos poucos, sentia que o ódio por meu pai-genitor vinha diminuindo. Eu queria preservá-lo, manter em mim essa chama da vingança. Ela me fizera viver, levantar, bater mais forte. Não queria deixá-la. Mas era possível sentir que ia diminuindo, ainda que eu quisesse o contrário. O que estava acontecendo?

Na minha família, não fora bem recebido, mas violentamente rejeitado. Queria matar meu pai porque a sede de vingança era muito forte. O padre Thomas curava essas feridas abrindo-me os braços: tinha regado meu coração com uma gota de amor que começava a dar frutos.

Em cada encontro eu ganhava o perdão de Jesus. Vivia momentos de paz.

Não dizia nada ao padre, nem a Jesus. Simplesmente fechava a boca. Padre Thomas rezava silenciosamente ao meu lado, com uma mão no meu ombro. Sempre abria os olhos para vê-lo rezar. Era tão lindo, verdadeiro, iluminado por dentro. Eu havia me tornado um consumidor insaciável de misericórdia. Alguém sedento de perdão. A casa do padre Thomas era o meu posto de gasolina para o amor. Sempre que possível, passava lá para reabastecer.

Certo dia, estava justamente reabastecendo o meu coração quando alguém bateu na janela. O padre abriu e disse:

— Um minuto, por favor!

Os «minutos» do padre Thomas eram conhecidos por serem elásticos, mais perto de meia hora do que de sessenta segundos. Uma fila se formava em frente à sua casa. Vinham de longe para vê-lo, para pedir conselhos, compaixão e conforto. Eram pessoas de todos os tipos, idades, culturas e ambientes sociais.

Na verdade, eu ficava impressionando ao ver aquele homem distribuindo minutos de sua vida a tanta gente. Porque ele estava entregando a própria vida — mostrava-se sempre disponível a quem viesse bater à sua porta, mesmo que fosse às quatro da manhã. Disponível a todos, o tempo todo. Entregava-se em sacrifício humilde, discreto e luminoso, como uma hóstia.

Minhas crenças de jovem exibicionista foram totalmente abaladas por aquele homem. Ele era um pescador de almas que ajudava todos a seguirem na caminhada para o Reino de Deus, sem pedir ingresso ou certificado de batismo. Ele me recebeu em estado bruto, sem me julgar pela aparência, sem dar atenção à minha jaqueta de couro, meus jeans encardidos e meus cabelos longos. Levou-me para uma viagem de primeira classe, num trem de alta velocidade, para encontrar Deus Pai, Deus vivo, Deus amor. Eu me sentia inspirado a buscá-Lo, a tentar entender o sentido da vida. E, mais importante: ele tinha paciência e respeitava o meu tempo. Respondia às minhas perguntas com infinita tranquilidade, sem nunca julgar a minha ignorância.

Às vezes eu resistia e levantava minhas objeções — não queria ser convencido tão facilmente.

— Se o seu Deus é o amor, paizinho, por que existe o sofrimento da criança abandonada, o sofrimento da mulher que vê seu filho morrer?

Às vezes ele respondia com palavras; outras, com silêncio. Muitas vezes, quando ficava em silêncio, olhava para o crucifixo.

Certo dia, disse:

— Jesus não respondeu a todas as perguntas. Seus apóstolos e as multidões que o seguiam não tinham como ouvir tudo. Devemos aceitar que não temos todas as soluções para nossas questões, e isso não o impede de ouvir todas as perguntas que os homens fazem...

Quanto mais recebia o perdão de Jesus, mais me sentia impelido a uma decisão que crescia em minha intimidade: precisava mudar minha maneira de viver. Seria impossível reconstruir a vida a partir dos «valores» que me permitiram sobreviver até ali: vingança, desconfiança, violência... Para mudar, deveria trilhar um caminho desconhecido para mim. A luta mais importante havia começado.

Aos poucos, o padre Thomas foi acalmando a minha turbulência interior e, graças ao perdão, foi conseguindo curar as feridas do abandono. Ele era um verdadeiro missionário do Deus vivo, um verdadeiro apóstolo que, sob a aparência de um homem comum, era também extraordinário. Fui ferido e maltratado por cristãos e padres. E lá estava recomençando a amá-los por meio do padre Thomas.

Durante um ano, visitei-o todos os dias, nem que fosse por apenas cinco minutos. Quando estava com ele, meu desejo de mudar era inevitável. Sabia que o trabalho seria enorme, mas não me desesperei. Ele me confortava, me tranquilizava simplesmente com a sua presença. Às vezes, esse desejo de conversão entrava em colapso. Eu ficava desesperado, enquanto ele nunca perdia a cabeça. Pelo contrário, me acolhia ainda mais. Era como a imagem de Deus, que constantemente se inclina até nós para que possa nos acolher em seus braços.

A minha infelicidade foi vencida pela bondade do padre Thomas. Era sempre ele quem me oferecia perdão. Eu ainda era indigno demais para pedi-lo.

De padre Thomas, recebi três tesouros: acolhimento incondicional, perdão e esperança.

Eu vinha do nada e só tinha trevas no coração. Porém, em sua doçura, aquele pequenino sacerdote, velho e frágil na aparência, mas de alma sólida como uma rocha, começou a semear luzes. Desta maneira ajudou a iluminar as minhas trevas para, aos poucos, despertar um amanhecer de esperança. Fez nascer em mim a certeza de que fui feito para o amor, para a eternidade do amor, acessível até mesmo a um bandido. Ele me aceitava como eu era e não tentou me mudar, apenas me guiar para o amor.

A esperança não é transmitida por uma varinha de condão. Homens de boa vontade, mulheres, crianças, jovens e velhos estão sempre lutando contra o desespero que habita o mundo, ajudando a disseminar a esperança. Não se pode passar por eles sem notá-los. Eles brilham. São os homens e seus modos de vida que estão em questão. Não as ideias.

O ciclo de violência só pode ser revertido com atos de paz e com gestos de amor verdadeiro. A generosidade desinteressada, que não espera nada em troca, desconecta a raiva e desarma a bomba da vingança.

Um dia, você se lembra de um gesto espontâneo que fizeram por você. E isso dissipa o seu desespero.

Deus me deu um presente maravilhoso: o padre Thomas.

No dia em que ele se tornou meu pai, quis me juntar à família dele. Decidi ser cristão. Quando contei a ele, vi o seu rosto ficar vermelho de felicidade. Seus olhos tremularam de alegria.

Ainda tinha uma última objeção — algo que me preocupava bastante, se assim posso dizer:

— O que você faz com a sua sexualidade? Se eu não transar, fico maluco... E você?

Ele franziu a testa e me olhou como quem procura as palavras certas. Então respondeu, com muita naturalidade:

— A sexualidade é como a sua moto. Para descer a escada, você treinou, caiu, se levantou, demorou e acabou dominando a máquina. Naquele dia você estava feliz... O domínio da sexualidade não vem em um dia, nem em quinze. É uma série de pequenos atos de autocontrole. E de repente você fica feliz quando consegue descer as escadas!

Ele não tinha se esquecido do nosso passeio. Mas continuei:

— Tenho péssimos hábitos de direção! E me entendo bem com as mulheres...

— Você adquiriu o hábito de sair sempre apressadinho, cantando os pneus da sua moto? Para mudar, você precisará ter consciência disso. E depois se esforçar para não fazer mais. Deve aprender a sair devagar, sem cantar pneu. Aí você vai se acostumando e, aos poucos, deixando o hábito... Experimente, você verá.

Eu nunca tinha pensado em largar meus hábitos. Fiquei surpreso, esperançoso até. Mas ele não tinha respondido toda a questão.

— Mas, padre, como você lida com a sexualidade, já que não tem o direito de usá-la?

Ele me olhou com carinho e se levantou para procurar um livro na estante.

— Tome, leia isso! Você vai entender.

Fui embora com um tijolo embaixo do braço. Não estava muito certo de que poderia encontrar alguma luz para as minhas perguntas num livro intitulado O *amor místico de São João da Cruz e Santa Teresa de*

*Ávila.* Comecei a ler naquela mesma noite, mas aquilo parecia grego, e eu não conseguia entender absolutamente nada.

Uma semana depois, desolado, devolvi o livro, sem ter encontrado nenhuma solução para o meu problema.

— Sua obra-prima é um sonho impossível, meu pai. Em primeiro lugar, é como latim; depois, comigo, não é assim! Porque eu amo as mulheres... muitas delas!

Ele sorriu, pensou um pouco e, levando em conta a minha história, me perdoou.

Quando estava indo embora, disse que me amava; e, como se me confidenciasse um segredo, acrescentou:

— Devemos sempre nos esforçar para obter o mais belo.

Esta declaração de afeto puro e gratuito tocou meu coração. São tão poucas as pessoas que se atrevem a oferecer este grande presente da felicidade! Sentir-se amado e ouvir alguém dizer que te ama é um elixir contra a violência, a raiva, a revolta.

Aquele tratamento em doses homeopáticas me transformava dia após dia. Eu havia me tornado um «convertido». Um louco de Deus, em todos os sentidos da palavra — porque, para os outros, não parecia muito sensato. Estava animado, ardendo de amor, querendo viver literalmente o Evangelho e reconstruir a Igreja como São Francisco de Assis. Achava que os católicos não faziam o suficiente.

Janine, parente do padre Thomas, sabia acalmar os meus excessos místicos. Era uma mulher sagaz e de coração artístico, que tinha o dom de ouvir as pessoas e tirar o melhor de cada uma. Diferentemente de alguns arqueanos que suspeitavam de mim, ela me dava confiança. Mais um presente precioso. Na minha parada de sucessos, Janine vinha logo depois do padre Thomas Philippe.

Ela era responsável pela casa de oração e recepção da Arca em Trosly-Breuil: a Fazenda, onde vivia o padre; e colocou à minha disposição um pequeno trailer que ficava no jardim. Aquele passou a ser o meu palácio. Agora tinha um quarto para mim... Só para mim! Sentia-me um príncipe naquele lugar que me ajudava a recuperar minha pureza.

Os dirigentes da Arca conheciam meus talentos manuais e me ofereciam trabalhos ocasionais. Minha vida estava entre a academia de boxe — já tinha me profissionalizado — e Trosly, onde fazia reparos nas casas. Tentava me distanciar da gangue e de algumas atividades obscuras. Queria mesmo mudar minha vida.

Na Arca, alimentava meu coração, estava me reconstruindo; no boxe, acalmava os meus instintos. Praticava meu esporte de forma cada vez mais desapegada. Minha única razão para o boxe — que era a vingança contra meu pai — estava desaparecendo. Havia percebido que, quanto mais lutava contra o meu passado de violência, mais violento me tornava. Era preciso aprender a amar o passado. Esse era o meu maior desafio.

Eu ainda desconcertava muito as pessoas. O padre Thomas me protegia. O problema é que eu era imprevisível, e ter crescido sem uma estrutura interna aumentara minha impulsividade. Aproveitava alguma luta no exterior para ficar um pouco longe, esperar que os ânimos se acalmassem, mas, poucos dias depois, lá estava eu, atirando nos pombos que faziam ninhos na estrutura da capela da Arca... e iniciando novos assistentes naquela caçada. Isso, por outro lado, não me impediu de abrigar e cuidar de animais feridos e doentes, aos quais me afeiçoava.

Às vezes, o passado retornava quando algo do presente me machucava. E num instante o céu azul cobria-se de nuvens tempestuosas.

Certa tarde, de repente, fiquei deprimido. Minha amiga Martine tinha me dado um cano. Aquela parisiense alegre e inteligente vinha três dias por semana para ajudar na acolhida. Havia prometido me dar uma aula de francês às três horas. Esperei meia hora... e nada. Então, peguei a moto e parti com muita raiva. Decidi visitar meus amigos. A recepção foi calorosa... até comovente. Parecíamos veteranos que se lembravam de histórias de guerra. Era bom estar com eles. Pegamos umas galinhas, uns patos e uns coelhos e organizamos um churrasco campestre. A festa durou a noite toda.

Às cinco da manhã, recolhi as aves que haviam sobrado do banquete para oferecer ao padre Thomas. O dia mal amanhecera e eu já estava em sua porta, carregando umas galinhas... De repente, me dei conta da minha estupidez, mas já tinha acordado o padre. Ele me recebeu e, vendo o que eu carregava, disse:

— Quer que eu dê a elas a bênção de São Francisco de Assis?

— Padre, não ria. É sério!

— O que houve?

Sentamo-nos, para que ele me ouvisse. Ele sorria e me dava tapinhas nas mãos.

— Tudo bem, não é nenhum fusquinha!

— Fusquinha? O que um fusquinha tem a ver com minhas galinhas e minha tristeza?

— Não, nada demais... Uma pessoa que estava em um dos albergues da aldeia roubou um fusquinha... Só quero dizer que não devemos nos julgar mais severamente do que o Senhor. Às vezes não estamos contentes conosco... É difícil!

Sempre que eu esperava ser julgado e abandonado, ele me dava o perdão de Jesus.

Naquela manhã, pela bondade e paciência de meu pai, entendi que Jesus não me abandonaria e ainda me perdoaria pelas bobagens de meu passado desregrado. Se o padre Thomas tinha me perdoado, Deus também tinha. Por isso queria fazer parte da Igreja, a grande família. Eu aceitava tudo, até a obediência! Tinha sede de tudo aquilo...

Queria me juntar à turma de cristãos.

Fui até a diretora da Arca e apresentei a minha candidatura para trabalhar em uma das casas como assistente. Eu já era escultor de pedra; queria tornar-me aprendiz cristão.

— Veremos isso no ano que vem — respondeu ela, com um sorriso gentil.

A decepção foi devastadora. Estava tentando restaurar a minha vida e me faltavam meios. Decidi mudar, me converter, e eles me diziam: «Não, agora não!»... Ei, mocinha, daqui a um ano eu posso estar morto! Você sabe quantas besteiras podemos fazer em um ano?

Naquele dia, insultei Deus e sua turma. A mocinha me tirou do sério. Você quer abandonar os velhos hábitos ruins, mas os cristãos experientes, aqueles que conhecem o segredo, o tesouro, a Palavra de Deus, colocam sua cabeça debaixo d'água em vez de lhe estender a mão! «Tudo papo furado», repetia comigo, na minha revolta interior.

Deixei a Arca indignado e furioso. Jurei que não colocaria mais os pés ali. Não seria mais tratado como um idiota!

Um ano e meio depois, me dei conta de que, naquele dia, a diretora da Arca tinha me prestado um favor imenso.

# 21 ANOS:
## MEU PRIMEIRO PRESENTE DE ANIVERSÁRIO

stava afastado da minha turma de amigos antigos e agora fora abandonado pela turma de amigos cristãos. Eu era um estrangeiro no mundo. Sozinho outra vez. Estava na capital, ruminando minha amargura e minha revolta.

Sentia o meu passado me abraçar como um polvo com seus tentáculos, me apertando cada vez mais forte, sufocando. E uma voz interior me dizia: «Não, sua vida nunca vai mudar...».

No terceiro dia perambulando por aí, fui andando aleatoriamente para o Porte d'Orléans. Vi um sujeito pedindo carona, com uma trouxa nos pés, fazendo sinal com o polegar para cima. Pensei: «Ora, por que não? Vou tentar!». Levantei o polegar, e outro rapaz que estava fazendo o mesmo veio em minha direção:

— Ei, você foi o último a chegar! Vai para o fim da fila, malandro!

O que esse sujeito estava querendo? Confusão! Ele empurrou a minha cabeça, e virei o corpo com agilidade para revidar com algo mais do que um polegar levantado. Com o punho em riste, porém, lembrei que tinha dado a minha palavra a Deus. Virei as costas e caminhei para o fim da fila, resmungando:

— Agradeça a Deus, rapaz...

Mal tinha feito o sinal quando um carro parou. O motorista era meio hippie e me perguntou:

— Está indo para onde?

Eu tinha erguido o polegar para tentar pegar carona, mas não tinha pensado aonde ir. Então, perguntei:

— Você está indo para onde?

— Pratézé.

— Pratézé?

«Onde fica isso?», pensei. Não devo ter entendido direito. Ou será que ele é do campo e fala algum dialeto? Continuei a conversa:

— Vai fazer o que em Pratézé?

— Acampar.

— Beleza, vou com você.

— Não tem uma mochila?

— Não, estou sem nada...

Sem nada e de bolsos vazios. O motorista tinha 68 anos. Era um homem simpático, pacífico e espirituoso. Depois de cinco horas percorrendo umas estradinhas, chegamos a uma vila na Borgonha chamada Taizé.

— Chegamos! — ele exclamou, com entusiasmo.

Nessa hora eu me dou conta de que Pratézé, na verdade, era *Taizé*. Até um dinossauro teria entendido...

Nessa aldeia perto de Cluny, na Borgonha, havia se estabelecido uma comunidade religiosa ecumênica que pregava a paz, a reconciliação e o encontro fraterno. Jovens de todo o mundo se reuniam ali, num ambiente muito agradável. A Arca me apresentara a esse tipo de convivência. Simpatizei com todos e me enturmei com um grupo muito legal de italianos e belgas. Entre eles estava Fredo, um menino deficiente de dezesseis anos a quem me afeiçoei. Como as pernas dele não o sustentavam mais, eu o carregava em sua cadeira de rodas quando ela atolava. Era também uma forma de me dedicar às orações, que pareciam intermináveis para uma pessoa inquieta como eu. Isso me dava uma função e uma missão.

Na véspera de minha partida, no início de setembro, Fredo me perguntou:

— Você gostaria de passar o Natal comigo na Bélgica?

Fingi pensar para responder:

— Hmmm... Já tenho compromisso no Natal, mas posso ir dia 27 de dezembro.

Para mim, o Natal é um grande inimigo. Quando você não tem família, qualquer festa familiar é angustiante. Você vê os presentes debaixo da árvore e seu anfitrião, tentando ser amável, lhe convida: «Venha ver a bela árvore, as belas guirlandas. Este é o presente que ganhei do meu pai; aquele, da minha mãe. Olha só o que os meus avós me deram! E o meu padrinho...». Você não diz nada. Só pensa que não tem presentes, nem pai, nem mãe, nem avós... A revolta de ser diferente me domina e, com ela, o desejo de destruir. Não estou nem aí para a guirlanda!

Então, prometo a Fredo:

— Combinado: 27 de dezembro. *Ciao*!

Quatro meses depois, na data marcada, desembarquei em Bruxelas e encontrei meu amigo deficiente. Passei três dias maravilhosos na casa dele — que também era uma casa da Arca, fundada na capital belga por um padre. Depois daqueles dias de amizade, estava prestes a partir — sem nem saber para onde — quando o fundador do local, o padre Roberty, me perguntou:

— Você não gostaria de ficar mais um pouco para me ajudar? Estou precisando de gente.

Ainda estava raciocinando, tentando entender o convite, quando ele acrescentou:

— Acho que você foi enviado pela Santíssima Virgem.

Comecei a rir e respondi:

— Ih, deixa eu lhe contar minha história e você vai dizer se sou mesmo o enviado da Santíssima Virgem!

Resumi meu currículo para ele. Tudo bem, era um convertido, mas ainda não tinha perdido todos os maus hábitos.

— Hoje me arrependo, faço grandes declarações de amor a Deus, decido mudar, me empolgo... Aí, amanhã, esqueço tudo e volto à estaca zero!

O padre Roberty era um belo homem. Escutou-me com atenção, e vi seus olhos ficarem cheios de lágrimas. Fez lembrar a minha juíza. Logo pensei: «Estranho — uma juíza e um padre se comoveram ao me ouvir!». Aquilo me tocou. Tinha gostado daquele padre. Então, respondi:

— Certo! Estou à disposição para ajudar...

Passei um ano e meio trabalhando para deficientes na casa de La Branche, ajudando de vez em quando em uma segunda casa em La Ruche. Eu carregava, vestia, dava banho, alimentava, ajudava a levar ao banheiro e caminhava com meus novos irmãos e irmãs do coração. Também rezava com eles nas liturgias espontâneas que tanto amavam. Eu era suas pernas e seus braços; e eles, as bases da minha reconstrução. Na minha cabeça, estava vivendo uma mudança extraordinária. Tudo aquilo era um presente enorme para mim.

Todas as manhãs, os corações dos residentes irradiavam músicas. Exceto o de Jean-Paul, alpinista vitorioso que já havia subido o Himalaia e ficara paralisado por causa de uma queda estúpida numa gruta perto de sua casa. Sua esposa morrera pouco depois, num acidente de carro. Ele tinha perdido tudo, até a mobilidade. Era totalmente dependente de sua cadeira de rodas, e sempre que eu aparecia para lavá-lo, logo cedo, ele começava a se lamentar. Falava sobre o seu sofrimento e, desanimado e deprimido, deixava-se levar.

Certo dia, gritei com ele.

— Jean-Paul, pare com esse circo! Você reclama de que não consegue fazer nada sozinho, nem mesmo ir ao banheiro! Tudo o que você precisa fazer é esticar um pouco os braços, sair da cadeira por conta própria e ganhar um pouco de privacidade.

Na hora, isso o abalou. Mas ele respondeu de forma surpreendente. Fortaleceu os braços e ombros com exercícios diários. Para treiná-lo, eu mesmo me amarrava a uma cadeira, como ele, e me exercitava, carregando os mesmos pesos.

Em três meses Jean-Paul passou a se lavar, dançou rock equilibrando as duas rodas de sua cadeira, dirigiu um carro e passou a conseguir dobrar a própria cadeira sozinho.

Seis meses depois, já tinha os músculos de um lenhador e, animado, retomou seus estudos. Hoje, Jean-Paul é intérprete e campeão de levantamento de peso.

Ele organizava noites de dança no albergue, nas quais ríamos como loucos. Tenho certeza de que o bom Deus nos reuniu para um ajudar o outro. Eu lhe dei uma mão, é verdade, mas os esforços e sonhos dele despertavam uma força até então desconhecida para mim. Quando pensava em largar tudo, ele ria:

— Tim, você incentiva a gente a lutar e quer abandonar tudo só porque uma educadora o irritou? Convenhamos: seria idiotice. Além disso, eu te amo! Isso não significa nada para você?

Ele tinha razão. E com tais argumentos... O que eu poderia dizer, a não ser «obrigado pelo puxão de orelha, Jean-Paul»? Seguindo seu conselho, fui conversar com a educadora que me tirara do sério. Conversamos e nos entendemos tão bem que me permiti empurrá-la de roupa e tudo na piscina. Todo mundo riu, inclusive ela. E assim demos um fim ao conflito: com um batismo, para um novo começo.

Passei um ano e meio na Bélgica, naquela casa da Arca. Foi um momento de progresso excepcional. Eu, o rebelde orgulhoso, o campeão viril, o umbigo do mundo, aprendi a servir os mais fracos. Caíram as escamas dos meus olhos! Os deficientes eram meus mestres.

## 21 ANOS: MEU PRIMEIRO PRESENTE DE ANIVERSÁRIO

Eu os obedecia, mas sem me iludir: estava lutando contra o meu temperamento. Aceitar a disciplina e a humildade era uma batalha interna.

Certa noite, por exemplo, depois de acordar várias vezes para levar pessoas ao banheiro, exausto e com os nervos à flor da pele, pensei:

«Se alguém me chamar mais uma vez, vou jogar do alto da escada.»

Mal tinha pensado isso quando me chamaram novamente. Levantei e fui até o quarto de uma menina. Fiquei ali pensando um pouco antes de carregá-la. Ela deve ter se perguntado por que eu havia demorado tanto para pegá-la. Já na escada, a raiva me fez pensar em largá-la, como havia prometido, mas no mesmo instante ela me abraçou com uma ternura inexplicável. Foi quando me dei conta de que aquelas pessoas eram afetuosas comigo de uma forma que os meus pais nunca tinham sido.

Depois de levá-la ao banheiro, voltei para a cama, mas não conseguia dormir. Quando você guarda a raiva dentro de você, ela se expressa fisicamente: no meu caso, acabou transbordando na cafeteira.

Na manhã seguinte, voltava aos meus afazeres na casa quando fui atraído por um barulho estranho, atrás de uma porta. Era uma espécie de clique em intervalos regulares. Tac... tac... tac... Entrei no cômodo e lá estava Frédéric, um menino com uma deficiência muito grave, tentando digitar à máquina de escrever. Estava com a fisionomia contraída, a boca torcida para o lado esquerdo, os olhos girando em todas as direções. Eu gostava muito do Frédéric. Todas as manhãs, ele passava suavemente a mão nos meus cabelos para dizer bom-dia. Às vezes, seus músculos se contraíam e, em vez de passar a mão, ele quase me deixava careca, sem querer. Apesar de ter uma deficiência que o privava de qualquer comunicação oral, Frédéric encontrara uma forma de entrar em contato com as pessoas: pela máquina de escrever.

Nunca tinha visto ele digitar. Era um espetáculo surreal. Com o corpo retorcido na cadeira de rodas, ele se jogava em cima da máquina como se estivesse com raiva. Mas era um salto calculado, totalmente focado em acertar uma única tecla, porque Frédéric só conseguia acertar uma tecla por vez. Com um único dedo da mão direita retorcida, ele pressionava a tecla escolhida. Então, todo o seu corpo saltava para trás como se estivesse se retraindo. Após cada golpe, após cada letra, a cadeira de rodas recuava quase um metro, e ele se preparava novamente para o próximo salto. Era uma luta ao mesmo tempo magnífica e comovente.

«Que maluco!», pensei, inicialmente. «Por que não deixa a pobre máquina em paz? Ele ainda vai se machucar... Todo esse esforço para nada!». Fui então me aproximando para tirá-lo dali. Ele resmungou, entendi que pedia para deixá-lo em paz. Olhei por cima do seu ombro... e que surpresa: o texto estava escrito sem erros — com pontos, vírgulas e tudo o mais. Decidi ir embora e deixá-lo em paz com o texto misterioso.

Frédéric ficou batendo naquela máquina por dois dias. Cada vez que passava em frente à sua porta, seus taquetaques me despertavam uma dor, um pensamento de compaixão. Imaginava as idas e vindas daquele corpinho se curvando em direção ao equipamento. Aquela vontade insaciável de expressar-se, que impunha respeito e admiração. Que paciência infinita! Envergonhado, lembro-me de uma vez em que, nervoso por não conseguir encontrar a terceira letra do meu nome entre tantas outras, arremessara a máquina contra a parede.

Era estranho como o sofrimento dos outros me dilacerava, embora eu nunca tivesse admitido a mim mesmo que podia sofrer.

Na noite de 9 de agosto, antes do jantar, Frédéric se aproximou de mim com sua cadeira. Via uma doce satisfação em seus olhos. Ele veio e me entregou, do jeito que pôde, um papel dobrado e parou ali, de braços cruzados, diante de mim. Era uma carta de cinco linhas. Tratava-se do que ele estivera digitando tão freneticamente. Cinco linhas escritas em dois dias de digitação exaustiva, dois dias de idas e vindas com sua cadeira, dois dias de intensa concentração.

Cinco linhas para me desejar feliz aniversário. Cinco linhas de amor. O primeiro presente de aniversário da minha vida.

Peguei a minha carta de amor e fui meio que escondido para o meu quarto. Coloquei as luvas de boxe — tudo o que restava do meu passado — e reli o poema. Falava coisas sobre mim que ninguém jamais se atrevera a dizer.

De repente, encolhi-me por causa desse presente. Frédéric me surpreendera. Seu gesto violara minha guarda. Fechei-me como um caranguejo para me defender daquela invasão imprevista de amor. Fiquei até furioso, porque recebi sem dar nada em troca. Não gostei daquilo. Normalmente era eu quem fazia a doação. Ganhara muito dinheiro com o boxe e gastava muito com presentes. Sempre gostara de ver o brilho nos olhos dos meus amigos quando lhes entregava meus pacotes.

Em meu quarto, aliviava a minha raiva batendo num pedaço de madeira. Sentia um grande vazio. Sentei-me na beira da cama e olhei novamente para aquelas cinco linhas. Não estavam escritas no francês mais sofisticado da Academia, nem eram grande literatura, mas o centro, o fundo do coração... O fundo do coração era verdadeiro...

Frédéric jamais teria sido capaz de chegar às manchetes dos jornais ou revistas da moda. As pessoas ficariam perturbadas ao vê-lo datilografando. Mas ele era um Apolo do coração. Que paciência, quanto amor para escrever uma carta daquelas! Ele sofria a humilhação de não poder falar. A única palavra que pronunciava de vez em quando era «ba-ta-ta». Essas três sílabas lhe exigiam um esforço colossal. «Ba... ta... ta»; e quando ele o olhava nos olhos, queria dizer: «Eu te amo».

Sei que muitas pessoas acham que alguém como Frédéric deveria ser eliminado, e dou graças a Deus por ele ter escapado dessa lei limitada aos homens saudáveis. Do auge dos dezesseis anos de sua «vida de bosta», como algumas pessoas rapidamente concluem, Frédéric compreendeu o essencial: amor gratuito, esforço, generosidade. Para mim, é um exemplo de vida. É um presente que enche o meu coração. Olhava para a carta, aquelas cinco linhas de amor. Meu olhar ficava turvo, minha garganta ardia... A raiva era inundada pelas lágrimas. Chorei como uma criança. A minha vida tinha acabado de mudar. Mais uma vez.

O padre Thomas só gritou comigo uma vez: quando recusei um presente que ele estava me dando. Ali ele pegou minha mão e disse:

— Você jamais deve dizer não a um presente! Isso pode bloquear a generosidade dos outros. Pode impedi-los de crescer e desencorajá-los. Por meio de um presente, Deus nos pede a humildade de receber, aceitar e permitir que a capacidade de dar cresça no outro.

O amor é um bumerangue: você o lança e ele volta para você — com muito mais força do que você utilizara. Saber receber é tão importante quanto saber dar.

Não importava o quanto eu tentasse estancar as lágrimas, chamando-me de «maricas». Não adiantou nada — chorei mesmo, sem parar. Depois de algum tempo a fonte secou, meus olhos clarearam.

Aí, comecei a pensar. Compreendi que Frédéric havia encontrado uma maneira de criar beleza com sua existência. A deficiência de seu corpo não era desculpa para não se tornar o artesão de uma vida de amor. A minha deficiência era outra: em vez do corpo, uma infância atrofiada. E, quando queria esquecer meu passado turbulento, uma violência subterrânea me subia pela garganta. Minha amiga «adrenalina» começava a correr novamente em minhas veias. A raiva transformava meus olhos em duas fendas de cólera. Tudo ficava vermelho, e eu saía batendo.

Eu queria mudar, oferecer gestos de amor, olhar carinhosamente para os outros. Queria transformar minha vida em uma existência amorosa. Queria que minha vida fosse uma combinação de beleza e bondade.

Meus amigos deficientes estavam me mostrando o caminho. A pequena via. O maior presente é a vida.

Recebo-o em meu coração, prostrado...

Para mim, começava então uma luta que jamais venceria.

# MEUS AMIGOS DO SOFRIMENTO DO MUNDO

**C**inco linhas de amor viraram a minha vida de cabeça para baixo. Eu não tinha sido amado? Então haveria de amar as pessoas como gostaria de ter sido amado. Se eu esperasse receber amor antes de oferecê-lo, só resolveria a situação no dia de são nunca. Minhas lutas futuras consistiriam, portanto, em viver aquilo que fora impedido de viver.

Decidi que olharia para os outros como gostaria que olhassem para mim: com amor, paciência, misericórdia — e não mais com aquele olhar afiado como lâmina, o olhar de quem luta pela sobrevivência. Ia aprender a dar amor verdadeiro, com o coração.

Estava decidido!

De repente, como bolhas no esgoto, voltam à minha memória algumas palavras que envenenaram a minha infância: «Crianças que apanham serão adultos violentos. É genético, vão bater nos filhos. E o mesmo acontece com filhos de alcoólatras: irão beber!

Os filhos dos abandonados — vão abandonar, sempre... E os filhos de pais separados, é inevitável, vão se separar».

«Você sabe, meu caro amigo, que cachorro não faz gato! Pobres crianças: 75% a 80% delas reproduzirão os defeitos de seus pais. E não podem evitar, porque é genético!».

À noite, em meu quarto, a sós com o bom Deus, resolvo revogar a genética, guardar o passado no armário e tirar o pó da memória. Opto por deixar de ouvir a tagarelice de gente que acha que sabe de tudo e as besteiras dos semeadores de desespero.

Você pode zerar o contador: basta querer.

Amar não é apenas dizer ao outro que ele é bonito, mas, sobretudo, que ele pode se superar, pode mudar de vida. Dizer «você é magnífico» a quem está sem rumo é dizer-lhe também: não tenha medo de si mesmo e do seu passado, não tenha medo de seus pais. Você é livre, você pode mudar, você pode reconstruir a sua vida. Amar é acreditar que cada pessoa ferida em sua memória, em seu coração ou em seu corpo pode transformar a ferida em fonte de vida. Amar é esperar pelo outro e inoculá-lo com o vírus da esperança.

A criança espancada, o abandonado, o alcoólatra, o drogado ou aquele que padece de qualquer outro vício não padece por conta da genética. Isso não é definitivo! Todos têm o direito de mudar.

É preciso relembrar o passado não para se afundar, mas para manter a vigilância e dizer a si mesmo: «Não, não vou ceder ao canto das sereias do destino!».

Já que somos todos únicos, tiremos proveito disso. Um simples gesto gratuito de amor pode abalar uma genética desesperada, perturbando os cromossomos que dizemos terem sido programados.

O presente de Frédéric fora para mim uma injeção de esperança. Graças a ele, decidi que um dia iria me casar. E, sim, teria filhos! Casar para sempre e não viver procurando uma saída, na expectativa de sumir diante do primeiro problema, da primeira decepção. Prometi a mim mesmo que jamais abandonaria meus filhos. Daria a eles o que não recebi.

Escolhi os maiores sonhos possíveis. Sempre fui um exibicionista, sempre ousei ir mais longe do que poderia... Você pode muito bem mirar lá no alto quando vem de muito baixo.

Nesta noite de 9 de agosto, no meu quartinho, estou feliz, com a cabeça limpa e o coração transbordando de felicidade, como se o bom Deus tivesse me trazido a primavera. Que aniversário!

No dia seguinte, flutuava de felicidade. Via-me movido pelo desejo de fazer tudo — e fazê-lo bem feito.

Você não muda assim, como se apertasse um botão dentro da cabeça. Os velhos hábitos se apegam, incorporam, estão sempre em seus postos como sentinelas rebeldes que se recusam a permitir que boas resoluções acessem a fortaleza, apesar das ordens contrárias.

A vida em comunidade exige que ouçamos constantemente o coração do outro. Na maioria das vezes, fui surdo e desajeitado e, sem querer, magoei aqueles que amava. Como evitar essa bagunça? Certo dia, montei uma cômoda seguindo o conselho técnico do fabricante. Olho para o móvel, orgulhoso de mim mesmo, e de repente me dou conta: «Como sou burro! O homem é como uma peça de mobiliário: tem diferentes instruções de uso, conforme o modelo. Para viver em harmonia com alguém, você precisa pedir-lhe instruções e dar-lhe as suas».

Muito orgulhoso da minha descoberta, tentei por duas semanas. Procurei as pessoas com as quais vivia para dizer-lhes: «Se não te amo como deveria, avise-me, para que eu possa mudar. Se você se sente amado por mim, diga-me também, para que eu possa continuar. Não daqui a seis meses — agora, para não perder tempo!».

Você deve insistir no amor. Ame os outros como gostaria de ser amado. Olhe para eles da maneira como gostaria de ser olhado. Dê como gostaria que lhe fosse dado. Tente essa fórmula por quinze dias. Se não ficar satisfeito, é como na propaganda: devolvemos o seu dinheiro!

Abrir-se para o amor é adotá-lo. Durante os meses que se seguiram ao meu famoso aniversário, minha vida mudou absurdamente. Passei a me relacionar com amigos de todas as áreas da vida, de todas as origens, de diferentes raças e culturas, recusando quaisquer rótulos, procurando entender e respeitar as diferenças. Essas pessoas vão surgindo como um país estrangeiro a ser desvendado; não são obstáculos por superar, mas mistérios que convidam à exploração. Transformo-me em um viajante da diferença. Um homem livre no meu jeito de amar, que não é mais prisioneiro de sua pequena aldeia, de seus parentes próximos.

Sou um viajante do universo. Meus amigos são como a floresta que amo, cheia de espécies diferentes.

Tudo vai ficando azul! Maravilhado com o coração dos seres humanos, quero conhecer os solos e as culturas, os países em que cresceram. Fazer uma amizade é querer partilhar uma vida.

Decidi partir. Não sabia exatamente o que procurar. Viajei pela Europa pegando carona em caminhões. Eu carregava e descarregava, vigiava o caminhão enquanto o motorista descansava. Passei pela Bélgica, pela Holanda, pela Suécia, pela Noruega, pela Dinamarca, pela Itália e até pela ex-Iugoslávia... Queria cruzar fronteiras, como se cada uma delas me libertasse simbolicamente de todos os limites impostos em minha infância.

Até hoje gosto de sorrir para estranhos. E de assumir um olhar e gestos simples para dizer coisas. Aprendi que não sei nada, mas que todos são um tesouro, graças a esses meninos e meninas que compartilham uma parte de si — na Grécia, Turquia, Líbano, Israel, Estados Unidos, Canadá...

Durante essas andanças, a descoberta de países, pessoas e costumes diversos fortalecia minha fé no homem. Ficava emocionado com a recepção dos pobres que me abriam suas portas e compartilhavam sua vida. Basicamente, apenas uma pergunta me importa quando me aproximo de um desses irmãos na humanidade, e a faço colocando a mão em seu peito: «Como está seu coração?».

Para mim, é óbvio que não há maior sofrimento do que aquele que cada pessoa experimenta. O sofrimento não tem antecedentes sociais. Reconhecemos os pobres: eles carregam o manto da miséria sobre os ombros. Você os alcança na caridade, e seu gesto pode se tornar amor.

Existem também pessoas muito «educadas» que perguntam: «Você está bem?», ao que outras respondem: «Tudo bem». Estas não têm mais nada a dizer, pois são prisioneiras de si mesmas e das camisas de força sociais. Não conseguem falar do sofrimento que as sufoca e despedaça. E assim passamos sem encontrar seus olhares de angústia, sem ouvir o silêncio de seu grito, sem nem mesmo perceber que o clima em seus corações é «tempestuoso».

Todos esses amigos do mundo são como lâmpadas acesas para mim. Percebo, graças a eles, que Deus não observa no homem os centésimos de segundo que fazem uma pessoa desabar. Deus está sempre observando o momento em que ela se levanta, observa as horas, os dias, os meses e os anos que homens e mulheres trabalham, invisível e incansavelmente, para se tornarem melhores.

Muitas vezes, as pessoas não param de cair porque só têm olhos para os defeitos dos outros. Não devemos ficar julgando.

Quatro meses depois do meu aniversário, fui convidado pelos pais de uma amiga para a véspera de Natal. A mesa era esplêndida, com pratos de porcelana e copos de cristal. A mãe de Cathy me serviu um caldo grosso e o ofereceu ao marido. Eles eram tão educados que até pareciam loucos. Os pratos desfilavam, deliciosos, em meio a risos e gentilezas. De repente percebi, num momento absolutamente rápido, um centésimo avassalador, uma simples troca de olhares entre aquele senhor e aquela senhora, como se fizessem votos um ao outro. Era visível como se amavam ternamente. Aquele olhar dizia tudo. Pude entender, naquela noite, que é melhor ser educado ao amar o outro do que ser ainda mais educado em ignorá-lo.

Depois da Missa da meia-noite, o senhor me disse:

— Temos chocolate na sala... E vamos ver a árvore.

A árvore! Oh, não! Eu não podia recusar. A maldita árvore! Fui até ela arrastando os pés — a árvore era a morte para a minha alma — e pensando: «Você não deveria ter aceitado este convite; sabe que o Natal não é um dia bom para crianças sem família!».

Então, a mãe de Cathy me disse:

— Tim, tenho algo para você.

Oi? Eu ouvi direito? Sim, ela me entregou um pacote embrulhado num papel vermelho, enrolado com uma fita dourada. Abri devagar, respeitando aquela embalagem linda. Lembrei-me do hospital, daquele papel de embrulho que me fizera voltar a andar e me ensinara a desenhar. Dentro do pacote, três velas — uma verde, uma amarela, uma vermelha — e um sabonete numa bonita caixa com a gravação «*Armateur*». Aquilo me tirou o fôlego. Agradeci, quase sem conseguir dizer nada. Estava emocionado. Essa atenção não tinha preço para mim. O bom Deus tem senso de humor: estava achando graça de como eles eram gentis, até demais, e eles me mimaram quando nem esperava por isso. Que surpresa!

Ainda dormi na casa deles. Abraçado com o meu presente de Natal — é claro —, como a criança que gostaria de ter sido.

# AVENTUREIROS DE DEUS

Certa manhã, desembarquei na estação Termini, em Roma. Estava sempre em busca de encontros inusitados. Na beira da calçada, vi parada uma senhora baixinha, com um estranho vestido branco. Ela não se atreve a adentrar a arena e parece ter medo do rodeio do trânsito.

— Posso ajudar a senhora? — digo, aproximando-me.

Ela me perscruta com olhos vivos, muito nítidos no meio do rosto enrugado, e sorri. Aceita, em inglês, a ajuda. Atravessamos a rua. Ela continua agarrada ao meu braço. Do outro lado, toca o interfone de um prédio. Três homens abrem a porta, juntos. Seus rostos se iluminam.

— Madre! — emocionam-se.

A senhorinha parece hipnotizá-los. Um indiano, de pele muito escura, me diz:

— Que sorte a sua por estar com ela!

A senhora o interrompe com um tapinha amigável no braço. Sorrindo, pede que a acompanhe até a casa de uns amigos. Não tenho planos nem compromissos. Estava totalmente disposto a viver plenamente o presente. Vamos! Tinha gostado daquela senhora da estatura de um cogumelo e enrugada como uma videira — e que exercia tanto fascínio sobre aquelas pessoas. Seguirei com a senhora!

Todas as pessoas que visitamos à tarde me disseram:

— Que sorte você tem de estar com Madre Teresa!

Não entendo o que isso quer dizer; não sei quem é Madre Teresa. Só sei que essa mulher tem um coração profundamente bom. Posso senti-lo.

Não fazia a menor ideia de que aquela senhorinha era a mãe dos pobres e uma santa. Minha cultura sobre freiras era bastante limitada. Balbucio algum inglês e rimos muito naqueles ônibus romanos.

Paramos na Basílica de Santa Maria Maggiore. Saúdo alguns mendigos amigos de lá — Francisco, de Bérgamo; e Mario, o napolitano. Apresento-os à «Ma», como Madre Teresa é conhecida. Mario prova um lanche oferecido pelos Pequenos Irmãos da Caridade (não sei ali se fora ela quem havia fundado esta ordem) e nos diz, descascando seriamente sua laranja e apontando para a imensa escadaria da basílica:

— Sente-se, ainda há espaço.

Começamos a rir e nos sentamos nos degraus. Educado, Mario compartilha sua laranja conosco. Ele é um amigo de coração. Vivia nas ruas havia anos. Quando discordamos, ele começa a falar em dialeto napolitano e eu em *ch'timi*, o dialeto do Norte da França. Essas brigas incompreensíveis sempre terminam com uma gargalhada e uma boa dose de vinho.

Deixamos Francisco e Mario para continuar uma série de visitas um tanto enfadonhas. Doadores ricos a quem ela vai agradecer. A cada visita, a mesma coisa: as pessoas me olham com inveja e dizem, todas:

— Que sorte você tem de estar com Madre Teresa!

Minha madrezinha Teresa parece estar muito cansada. Caminhamos em silêncio; ela se agarra ao meu braço. Anda um pouco curvada e vai se curvando cada vez mais com o passar do tempo. Mas basta falar com ela — que não para nunca, recebendo e se despedindo das pessoas — para que endireite o corpo e firme a mão. Quanta energia ela tem! «Eles não podem simplesmente deixá-la em paz?», pensei algumas vezes. Ela é tão velhinha, o suficiente para ficar descansando. Mas segue em frente e encara esse monte de visitas sorrindo.

Saímos do bairro Termini e pegamos o metrô para Trefontane. Silêncio, finalmente. Subimos uma estrada de terra que passa ao lado de um mosteiro masculino. No fim da costa, nos deparamos com uma paisagem esplêndida e surpreendente: bangalôs de estilo vietnamita pontilhados em meio a uma vegetação abundante. Aquele Éden estava envolvido por uma leve brisa. A umidade e os rumores de Roma estão distantes.

As freiras nos cercam e cumprimentam «Ma» com respeito. Ela me apresenta uma bela mulher, com uma espécie de vestido azul e um véu sobre os cabelos. O nome dela é Madre Madeleine. A forma como me recebeu alegrou o meu coração, e foi a primeira pessoa que não falou sobre a sorte de estar com Madre Teresa. Serviram um chá de ervas. As duas mulheres se afastaram para conversar, e eu fiquei olhando a paisagem, pensando na vida.

Na saída, Madre Madeleine me deu um presente e disse:

— Venha nos visitar quando voltar a Roma!

Faço que sim com a cabeça, porque me faltavam palavras na garganta. Sentia-me muito intimidado por aquela aventureira de Deus. Abri o pacote: um Menino Jesus de barro.

Madre Teresa ainda me deu um beijo antes de partir de carro com as irmãs. Retomei o meu caminho...

Só fui perceber a sorte daquele encontro dois anos depois. Certa noite, em Trosly, estávamos assistindo a uma reportagem sobre as Pequenas Irmãs de Charles de Foucauld na televisão. As freiras daquela jovem congregação feminina tinham escolhido viver no meio da pobreza, nas favelas e nos subúrbios — uma presença amorosa de Cristo entre os mais pobres dos pobres. O jornalista fala com uma irmã bela e cheia de personalidade, fundadora da magnífica ordem.

— Eu a conheço! É Madeleine, minha amiga Madeleine! — disse, aos berros.

Ninguém acreditou em mim — exceto, é claro, o padre Thomas.

— Ela é a mulher de Roma de quem falei!

— Está bem... Agora só falta dizer que conheceu também a Madre Teresa! — disseram às gargalhadas.

— É... sim! Na verdade, foi a Madre Teresa que me apresentou para a Madre Madeleine...

Foi melhor parar por ali, senão iriam achar que eu estava ficando louco.

Porém, era incrível como o machão aqui continuava impressionado com aquelas duas mulheres tão fortes, que tanto haviam lutado para encontrar seus caminhos. Essas pioneiras enfrentaram contrariedades e o peso das instituições para permanecerem fiéis ao seu chamado interior.

Madre Madeleine tornou-se preciosa em minha vida, e de vez em quando a visito em Roma; havia se tornado a minha mãe espiritual. Ela irradia uma presença terna e pacífica e é muito parecida com o padre Thomas: no fim de nossos encontros, sempre me sinto melhor. Madre Madeleine fala de Jesus de forma tão simples, tão apaixonada e com um amor tão ardente que seria capaz de derreter os blocos de gelo de um coração hostil.

Ela me considera um de seus filhos e me cobre de mimos na hora de partir, enchendo minha mochila de bolos, sanduíches e um livro espiritual para alimentar meu algoz interior.

Seu olhar feminino mudou a minha visão das mulheres: um olhar cheio de beleza, gentileza, respeito e ternura — uma ternura gratuita, que não espera nada em troca. Minha pobreza espiritual nunca foi um obstáculo para ela. Muito pelo contrário!

— Só o vazio pode ser preenchido. Nunca esteja cheio de si mesmo — dizia ela com frequência...

O que também me impressionava nessas mulheres, assim como no padre Thomas, era a castidade. Eram seres puros de verdade, sem nenhum fingimento. E a pureza deles nunca julgava a minha lama. Eu precisava me esforçar. Não podia ver um rabo de saia... E nas festas as meninas caíam em meus braços. Muitas vezes se faziam de difíceis, mas não ficavam nada decepcionadas quando cortejadas. E eu usava a tática de convidá-las para observar os cervos na mata, o que acabava com chave de ouro...

Um dos meus amigos também me impressionava muito. Era Joel, um agrimensor que conhecera durante um estágio. Ele estava noivo havia cinco anos. Certo dia, quando puxei uma conversa sobre sexo, ele me respondeu com muita seriedade:

— Nunca toquei na Annie. Só faremos sexo depois de nos casarmos. É a melhor prova de amor que posso dar a ela.

Quase caí para trás. A pureza e a retidão daquele rapaz eram inacreditáveis!

Eu até tentava controlar meus impulsos, mas sem muito sucesso...

Uma vez, saí de um encontro com o padre Thomas cheio de bons propósitos. Minha moto havia quebrado, e tive de pegar uma carona de volta para Compiègne. Uma mulher parou. Era médica.

Viemos conversando e, meia hora depois, estava na cama com ela. Meus propósitos tinham ficado pelo caminho. Não conseguia evitar! Naquele dia chorei todas as lágrimas do mundo, consumido pelo arrependimento. Pedi perdão a Jesus e prometi nunca mais fazer aquilo. Três horas depois, abandonava os meus próprios propósitos: estava tomando cerveja num bar quando uma garota se aproximou de mim. Conversamos. Ela abriu seu coração e, pouco depois, lá estava eu, na cama dela. Era uma maldição, uma doença. Precisava de algo que me fizesse parar.

Desesperado, voltei imediatamente para o padre Thomas. Ninguém. Na porta, um aviso: «Fui viajar». Entrei na velha capela de pedra, ao lado de seu quarto. Sentei-me em sua velha e surrada cadeira de couro. Olhei para o Santíssimo Sacramento no altar... e depois para o ícone da Santíssima Virgem. Comecei a falar com eles, a dizer-lhes simplesmente que estava farto daquela vida devassa. Chorava enquanto falava e falava enquanto chorava. Estava com raiva de mim mesmo, vivendo uma tremenda angústia. Depois de abrir meu coração, fiquei sentado na cadeira do padre, de frente para Deus e sua Mãe. A noite passou... Veio a manhã e a tarde... Tudo num imenso vazio de silêncio.

No final do dia, meu pai chegou de viagem e foi se preparar para celebrar a Missa. Olhei para a Virgem Maria e disse a ela:

— Prometo ficar um ano em abstinência. Estarei aberto ao amor, mas sem sexo!

O que havia acontecido comigo? Meu recorde era de apenas três dias!

Durante a Missa, fiquei ao lado de uma linda menina, nova assistente da Arca. Olhava para a Santíssima Virgem:

— Ah... Minha promessa já está começando bem, obrigado!

Abaixei os olhos, mantive a guarda e saí apressado no final da celebração.

— Ei... Posso falar com você?

A garota veio atrás de mim. Respondi:

— Não, não... Estou muito ocupado, não tenho tempo...

Mas ela me desarmou completamente. Percebi que era uma menina ingênua...

— Ah... Tudo bem. Podemos nos ver depois do jantar. Vou observar os cervos ao anoitecer. Se quiser vir...

Amaldiçoei-me interiormente: «Você está louco? Vai se dar mal... Lembre-se de sua palavra!».

Naquela noite, caminhamos sob as estrelas sem nos tocarmos. No outro dia, tivemos outro encontro comportado. E mais outro, no dia seguinte. Estava prestes a quebrar meu recorde! Vitória! Durante aquele ano de abstinência, descobri a beleza da amizade sem segundas intenções e a alegria de oferecer às meninas o melhor presente que um homem pode oferecer a uma mulher: o respeito.

Insaciável por descobertas e encontros, viajei para o Canadá em busca de minhas raízes. Tirei licença da Arca para um período sabático que acabou durando seis meses. Depois de longas peregrinações seguindo os rastros de meus ancestrais e de profundas agitações, cheguei a uma trapa em Oka, a sessenta quilômetros de Montreal. Decidi viver ali um longo retiro.

Experimentei a delicadeza de Deus mediante a atenção do padre Lucien, um cisterciense de sorriso largo, florido e luminoso. Fazíamos caminhadas longas e silenciosas. Depois de três meses, ele me disse, durante uma caminhada:

— Você gostaria de ser cisterciense ou dominicano?

Ele sabia do carinho que eu tinha pelo padre Thomas Philippe. Fiquei olhando pra ele... e respondi:

— Padre, amanhã ao meio-dia eu lhe darei uma resposta. A Santíssima Virgem me ajudará a decidir.

Não tinha entendido direito por que ele me fizera aquela pergunta. Eu não tinha nada a ver com a vida religiosa.

No dia seguinte, uma jovem bonita chamada Sonia veio me ver.

— Tenho uma casa grande e acolho pessoas com deficiência. Ouvi dizer que você tinha experiência neste campo, que passou vários meses na Arca de Jean Vanier. Você gostaria de vir me ajudar?

Como prometido, fui falar com o padre Lucien:

— Pronto, padre: a Santíssima Virgem me respondeu. Não serei cisterciense, nem dominicano. Vou morar com os deficientes.

Ele me olhou com seu sorriso doce, foi comigo até o carro e me abençoou. Enquanto nos afastávamos de Oka, eu o via na estrada, acenando para nós com as duas mãos. Mais um pai que viera morar em meu coração para o resto da vida. Mais uma delicadeza do Céu.

Já morava havia um ano com Sonia e cinco deficientes em Sainte-Marthe, perto de Oka. A casa ficava à beira do lago, em grande comunhão com a natureza. Gostava de lá, de estar com meus irmãos feridos. Porém, certa noite, de repente, senti que precisava voltar para a França, e no dia seguinte embarquei num voo de Montreal para Bruxelas. Oito horas depois, desembarquei na Bélgica. Peguei a mochila e saí apressado em direção à Ferme de Trosly-Breuil. Que alegria encontrar o meu bom padre Thomas e toda a minha turma de Deus: Janine, Régine, tia Agnès, Simone, Guy, Jean-Bernard, Dominique e os outros. Minha família do coração.

Foi uma festa. Mas faltava alguém. E eu sabia quem. No fim do almoço, escapei, me desculpando:

— Vou ver a minha amiga.

Janine me deteve, um pouco encabulada.

— Tim, ela está no hospital. Não quer ver ninguém. Está se deixando morrer...

Meu sangue gelou. Saí, peguei a moto na garagem, que, mesmo depois de tanto tempo parada, funcionou imediatamente. Corri para o hospital de Compiègne.

— Você não pode vê-la, senhor. Ela está na UTI...

— Mas é exatamente isso, senhora: ela precisa de mim para se reanimar!

Delicadamente, desloco a enfermeira para o lado e encontro o quarto da minha amiga. A senhora está esticada, pálida como um cadáver, os olhos fechados, toda perfurada por sondas, que parecem sair de todas as direções. Ao ver aquilo minha força vacilava; a tristeza me abateu. Aproximei-me e disse, sussurrando em seu ouvido:

— Olá! O seu canadense está de volta...

Beijei suavemente sua bochecha enrugada. Ela abriu os olhos e sorriu como se estivesse vendo um fantasma.

— A senhora, hein? Atravessei o oceano para te ver, e é assim que me recebe? Num hospital? Tudo bem! Você vai sair daí logo e ficar boa!

Eu não suportava hospitais. Traziam-me muitas lembranças ruins. Por isso, de repente, fiquei meio desajeitado, as palavras me escapavam. Minha amiga acariciou o meu braço e, com um filete de voz, sussurrou que me amava, mas queria mesmo se juntar ao marido, que já havia partido.

Ela tinha muitas saudades dele. Foi demais para mim ouvi-la dizer aquilo com tanta confiança. Ela desejava fazer a Grande Viagem. Eu a amava tanto, não queria vê-la partir, não queria partilhá-la com o Céu, nem esperar pela vida eterna para reencontrá-la. Beijei-a novamente e saí correndo, fugindo daquele mundo asséptico e agonizante.

Estava com raiva! Gritava com Deus. Estava numa conversa séria com Ele, quando um carro me atingiu. Peguei o motorista pela janela e o sacudi como uma ameixeira. Ele não tinha culpa, coitado! Eu estava andando no meio da rua! Eu é que tinha perdido a cabeça em meio a tanta dor.

Esse foi um retorno complicado. Meus pertences tinham sido roubados no sótão da Fazenda. Roubaram tudo: meus troféus, minhas luvas de boxe e, principalmente, as fotos do meu pai. Curioso: quando estava quase em paz com ele em meu coração, não tinha mais como olhar para ele...

Mas teve ainda um segundo *round*: meu treinador sumira com todas as minhas economias. Esvaziara minha conta bancária.

Eu não tinha mais nada.

Durante um mês, visitei diariamente minha velha amiga de Trosly. A cada dia, sentia ela nos deixando um pouco mais. Ela sempre dizia que me amava, mas isso não foi o suficiente para mantê-la aqui. Dentro de alguns dias, ela morreria segurando a minha mão. Chorei em silêncio naquela noite diante do corpo da minha amiga, a velha senhora de Trosly. Meu único consolo era saber que ela não sofreria mais e que havia encontrado, na grande casa do bom Senhor, o homem que tanto amara nesta vida.

Voltei para casa com o coração na boca. Ainda triste, pedi a Deus que a recebesse com toda a dignidade. Ao mesmo tempo, bem lá no fundo, eu o repreendia por tê-la tirado de mim.

Aquela mulher morava em Trosly havia muito tempo. Tinham me falado dela quando cheguei.

— Cuidado, ela não é muito fácil e não gosta de deficientes.

Certo dia, passamos por seu jardim durante uma caminhada com meninos deficientes. Ficamos maravilhados com a beleza do local, à qual nem os pássaros resistiam: refestelavam-se no meio das flores e ciscavam a terra cantando de felicidade. De repente, a senhora apareceu com uma pá na mão. Lançou uma série de insultos que envergonhariam o capitão Haddock. Olhei nos olhos dela... Ela me encarou. Depois, virou as costas e voltou de onde saíra, do outro lado do jardim, onde cavava um novo canteiro com certa dificuldade.

No fim da caminhada, voltamos para casa. Mas eu busquei uma pá e voltei ao jardim. Entrei ali e continuei a cavar o canteiro de flores que ela havia começado. Ao me ver, aproximou-se para me dar uma bronca:

— O que você está fazendo aqui? Não deixei você entrar!

— Vim ajudar... Gosto de trabalhar com a terra.

Não dei muito tempo para ela reclamar: terminei o canteiro em poucos minutos. Ela queria me pagar, mas recusei.

— Por que você me ajudou, afinal?

— Porque eu gosto... Além disso, há pouco a senhora me repreendeu com uma tempestade, então queria trazer-lhe um arco-íris. Agora que já temos um canteiro novo, podemos sonhar com alguns legumes e novas flores.

Ela sorriu e me convidou para um chá.

Foi assim que começamos uma amizade. Voltei muitas vezes para tomar chá com ela, e seu coração foi se abrindo aos poucos. Seu nome era sra. Herman. Viúva havia quinze anos, vivia sozinha e solitária. Na aldeia, alguns a apelidaram de *La Boche*, termo pejorativo para os alemães — o que a magoara terrivelmente. Por esse motivo, ela se comportava de maneira hostil no início. Mas o seu coração parecia o jardim de flores que ela cultivava.

A minha partida para o Canadá a angustiara. Ela havia me escrito cartas longas e delicadas, cheias de instinto maternal. Compartilhamos de nosso amor pela beleza e de alguns tormentos da alma.

Pouco antes de ela morrer, perguntei-lhe, em seu quarto de hospital:

— Quando você encontrar Deus, fale sobre mim. Seja a minha advogada. Tenho tanta sujeira para limpar! Mas quero mudar. Diga ao Senhor para me ajudar a me tornar um homem justo e amoroso, e também a encontrar uma boa esposa.

Ela levou consigo as minhas palavras. E toda a minha esperança.

# 22 ANOS:
## A FILHA DA CASA
## DA FELICIDADE

A inquietação tomou conta de mim após a morte da sra. Herman. Segui para Roma, a fim de visitar Madre Madeleine, e depois para Florença, onde visitaria uma amiga canadense. De lá, subi para a Áustria e cheguei a Salzburgo para ver uma amiga alemã, musicista famosa em Trosly. Ela dividia o apartamento e a vida com outras quatro musicistas. Fiquei apaixonado por aquela orquestra feminina e passei cinco meses morando com elas num casarão alugado em Salzburgo. Minhas musas vinham de cinco países diferentes, cada qual com uma cultura diferente e tocando um instrumento diferente. Eu, um *expert* da diferença, estava encantado!

Elas me apresentaram a música clássica e me fizeram descobrir um mundo de harmonias que eu desconhecia. Aquelas embaixadoras da beleza doce e culta me nutriram de erudição e afeto. A vida ali com elas estava perfeita, mas certa tarde, sem saber o motivo, senti a necessidade de voltar a Paris. Anunciei-lhes a minha partida de repente, e com tristeza elas me acompanharam à estação de Salzburgo naquela mesma noite.

No dia seguinte, às cinco da manhã, avistei a Madame Girafa e seu pescoço comprido. Tomei café da manhã com Christelle, uma amiga, no 15° *arrondissement*.

— Uma tal de Martine o está procurando e dizendo que precisa de reparos no apartamento. Aqui está o telefone dela.

Martine era uma amiga da Arca. Uma garota simples, embora sua família fosse muito rica. Liguei para ela.

— Olá, irmãozinho! Cadê você? Em Paris?

— Desde as cinco da manhã. Precisa de mim?

— Sim. Estou reformando meu apartamento, próximo ao Trocadéro. Preciso de ajuda.

— Estou à disposição!

Uma hora depois, estava na rua Vineuse. Era um prédio muito chique. Subi, bati na porta, e Martine me recebeu com um abraço. Depois de tanto tempo encontrei-a igualzinha: alta, morena e direta.

— Obrigada por ter vindo tão rápido.

Ela me explicou seus projetos. Ao trabalho!

Passei o dia lixando, pintando, consertando armários e tudo o mais. À noite, as minhas costas já estavam doendo. Parei para descansar um pouco. Martine se aproximou e, sem rodeios, declarou seu amor por mim. Ainda bem que já estava sentado no chão e não tinha perigo de cair. Fiquei terrivelmente surpreso.

Conhecia Martine havia três anos, e fazia um ano e meio que rezava para que ela conhecesse um cara legal — o homem da sua vida. Jamais ousei imaginar, nem por um centésimo de segundo, que esse cara pudesse ser eu. Eu me apaixonava por quase todas as garotas que passavam, menos por ela. Seu meio era chique, nada a ver com o meu. Mas ela se dava bem com todo mundo e era muito atenciosa. Ouvia todos com atenção, e por isso muita gente a procurava para pedir conselhos.

Era de classe alta, em todos os aspectos. Inacessível para alguém como eu. Um abismo nos separava.

— Não, Martine. Nós dois juntos... Não é possível. Não estamos no mesmo nível. Você é de família nobre, rica; e eu, uma criança de rua. Não é uma vizinhança que existe entre nós, mas um precipício.

Ela se defende, argumenta, provoca.

— Está dizendo que tem medo das diferenças? Logo você, que se diz o *expert* da diferença? Pare com isso!

Apesar de ela ter bons argumentos e, acima de tudo, apesar de seu amor, resisti. Fui embora dizendo a mim mesmo: «Não se apaixone, Tim, não caia nessa!».

Mas isso tudo aconteceu no primeiro dia. Ainda faltava muito para terminar a reforma. E, admito, a cada dia que passava eu ia me apaixonando pouco a pouco por ela... «Não, Tim. Resista, meu velho. Não se deixe levar por essa maluquice!». Mas quem dizia que era possível controlar os sentimentos?

O que eu poderia fazer? Uma mulher bonita, alegre, artista... E com uma voz linda. Quando começava a cantar, tocando o seu violão, eu me derretia todo, parecia flutuar com o rolo de pintura na mão. Distraído, dei quatro demãos de tinta sem perceber. Pelos lindos olhos de Martine e pela graça de sua voz eu seria capaz de repintar toda a Torre Eiffel!

Já havia começado a quinta demão quando Martine parou de cantar. Eu também parei de pintar. Então ela sugeriu que eu fosse comemorar o fim do trabalho na casa de sua família, na região de Bordeaux.

Poucas horas depois, Martine estava me apresentando a seu pai, um simpático senhor com estilo britânico e jeito de poeta. A mãe, nobre e delicada como a rainha-mãe, de porte distinto e cabelos cuidadosamente penteados, me causou grande impressão. Também estavam na casa o seu irmão mais velho, Antoine, que parecia o rei Juan Carlos; Évelyne, sua irmã mais velha, que era assistente social — o que me despertou muitas lembranças; e seu último irmão, mais velho que Martine, que tinha porte de jovem lutador. A princípio nos estranhamos um pouco. Nossos planetas não pertenciam à mesma galáxia.

Quando sentamos à mesa, durante o jantar, fiquei observando atentamente a família. Risos, carinhos, gentileza. Era algo inacreditável para mim, que estava todo enrolado com os talheres.

Café na sala de estar. Já conhecia esse filme e estava muito incomodado com tudo aquilo. Passei a pensar comigo: «Isso é uma farsa. Todo esse clima fraterno é só para me enganar». Uma família amorosa assim não entra na minha cabeça. Se o afeto deles é verdadeiro, eu seria um idiota por não estar aproveitando; mas, se tudo não passa de um showzinho, seria algo extremamente hipócrita, mesquinho, desprezível. De qualquer forma, não estava suportando aquela cena. Tive de sair para respirar um pouco.

Andei pelo jardim. O ar fresco e a serenidade da noite me acalmaram. «Por que agiriam assim comigo? O que teriam a ganhar com uma encenação desse tipo?». Perguntas como essas dominavam a minha mente.

Tenho de admitir que estava fascinado com a delicadeza do pai de Martine. Sua cultura e requinte me lembravam o senhor Léon. Um tipo de homem civilizado, no sentido mais nobre do termo, que sabia ouvir o seu convidado, apresentá-lo, comunicar conhecimento sem sobrecarregar seu interlocutor; que sabia conduzir um debate, ouvindo a todos de forma harmônica. Ele havia me surpreendido. Sua inteligência estava sintonizada com seu coração e emanava uma profunda e fascinante harmonia interior.

A mãe de Martine era mais reservada e, como as pedras preciosas, exigia que nos inclinássemos a ela para perceber todos os detalhes de sua fina delicadeza.

Mais calmo, decidi voltar. Os meus questionamentos não faziam sentido. Até porque, no fundo, eu mesmo gostava desses jogos de diferenças. Entrei na sala e percebi que Martine ficou aliviada ao me ver mais relaxado e sorrindo. Decidi olhar para todos ali de forma mais benevolente.

Depois desse fim de semana no campo, o retorno não foi nada animador. Não é fácil explicar o balde de água fria que Martine me deu. Ela me disse que éramos muito diferentes, que isso causaria problemas delicados... Ora, não fora exatamente isso o que eu havia dito logo após ela ter se declarado para mim? Ela respondera que não se importava. Mas, no final, era algo que deveria importar...

Furioso, gritei ao meu bom Deus: «O que você quer de mim?».

Durante dez dias, tudo foi piorando. Fui acumulando erros. O amor me torna estúpido e desajeitado. As conversas não ajudam. Os mal-entendidos aumentam.

Certa manhã, logo ao acordar, digo a Deus:

— Não sou do tipo de me matar por amor, nem de sofrer absurdamente. Meu relacionamento com Martine está uma droga, e não sei se vou aguentar muito tempo.

No fim de semana seguinte, fomos em peregrinação a Chartres para rezar para a Mãe do Amor Formoso. Peguei umas flores do jardim da estação de Montparnasse e fiz um buquê gigante, não para minha namorada, mas para colocar aos pés da imagem da Virgem Negra. Rezei e disse a Nossa Senhora:

— Se não fizer um milagre, amanhã me despedirei de Martine e voltarei para o Canadá.

No fim do dia seguinte, já com a passagem de avião no bolso, bati na porta de Martine. Ela me acolheu de forma diferente. Naquele momento, tínhamos uma misteriosa certeza dentro de nós: Deus nos queria juntos. Era simples e cristalino. Sim. Deus nos queria juntos. Martine havia se livrado de todas as dúvidas e incertezas. Decidimos assumir um compromisso... De repente, ela me convida:

— Vamos ao Sagrado Coração, em Montmartre, na última missa das dez!

Eu já tinha uma resposta. Enquanto ela terminava de se arrumar, agradeci ao meu Pai Celestial e pedi perdão pelas minhas dúvidas. Entramos num táxi. Estava muito orgulhoso por ter uma noiva tão linda ao meu lado. Chorei vendo passar aquelas ruas pelas quais tantas vezes caminhara, desesperado, e que agora testemunhavam o meu encontro com o amor. Paris estava mais bela naquela noite de maio de 1978.

O noivado não poderia ser mais íntimo na Basílica do Sagrado Coração. Martine, eu e mais duas testemunhas: Deus e a Virgem Maria.

Nossas diferenças nos levam ao sigilo. Como podemos confessar nossa paixão à família de Martine e aos nossos amigos? Eles jamais entenderiam...

Durante três meses, quase todos os domingos, fazemos peregrinações parisienses. Rezávamos para que os corações dos pais de Martine estivessem preparados para receber aquela bomba. Começávamos na Place du Trocadéro, em frente à Madame Girafa, rezando o Rosário, e íamos em direção à capela da Medalha Milagrosa, na Rue du Bac; depois para Notre-Dame de Paris, antes de subir para a basílica do Sagrado Coração de Montmartre, onde assistíamos à Missa do fim da tarde para depois celebrar o amor com um bom *couscous* em Pigalle.

Após esses três meses de noivado secreto, decidimos anunciar o casamento apenas seis semanas antes da data marcada, para não lhes dar tanto tempo para filosofar sobre nossas diferenças sociais. Fomos à casa dos meus sogros em Arcachon. Eles não tinham ideia das boas notícias que queríamos compartilhar.

Martine me mostrou uma grande casa branca, perto do cais. Era a casa de sua avó, onde costumava passar as férias da infância.

Fiquei com um nó na garganta. Uma onda de emoção tomou conta de mim. Aquela casa... suscitava uma lembrança intensa e bastante precisa. Eu me via naquele cais, com meu corpo ainda frágil e com minhas pernas remendadas. Recomeçando, sonhando em frente àquele casarão branco, enquanto o vento quase fazia voar os *cornettes* das freiras.

Reconheci aquele casarão branco, próximo do cais, que Martine estava me mostrando: tratava-se da casa da felicidade de minha infância. Lembrava-me da medalha milagrosa que uma das freiras gentis havia me dado no centro de reabilitação. Lembrava-me claramente daquele desejo de infância: «Quando eu crescer, me casarei com uma moça daqui. Uma garota da casa da felicidade...». Quinze anos depois, tomei a mão dela em casamento. Ela brincava no terraço enquanto eu ficava lá, no píer, sonhando. Martine me confessou que, no fundo de seu coração, sempre tivera pena daqueles órfãos que não tinham família.

Depois de um jantar tranquilo, Martine explicou aos pais que nos amávamos e que iríamos nos casar.

Grande silêncio.

Meu futuro sogro, um cavalheiro cheio de elegância e muitas orações, exclamou:

— Ah! São as boas notícias!

Aquele que não cessava de dizer a seus filhos que «o casamento é difícil o suficiente para não ser complicado ainda mais por diferenças de berço» acolheu o futuro genro com a mente e o coração abertos.

A mãe de Martine ficou em choque, atordoada. Ainda bem que estava sentada. Não conseguia esconder a emoção, e disse estas palavras cheias de fé:

— É incrível... Realmente incrível... É algo que só iremos entender vivendo.

Naquele dia pudemos comprovar, materialmente, a eficácia da oração.

# 23 ANOS: O CASAMENTO DO FILHO PRÓDIGO

Tudo começa bem. Na manhã do casamento civil, cheguei atrasado no cartório. Para me tornar um príncipe digno, lavei e trancei meus longos cabelos, além de lustrar as botas até poder ver as nuvens espelhadas nelas. Enfim, perdi a hora... e tive de correr feito um louco.

Cheguei suado e de cabelos molhados. O anunciador pergunta a todos, exceto para mim, quem era o noivo. Caminhei até ele, dei-lhe um tapinha no ombro e disse, com meu sorriso de Páscoa:

— O noivo sou eu!

Ele me encarou com olhos de peixe frito, enquanto eu o encarava com os meus arregalados. Retomou seu tom civilizado e me anunciou solenemente. Todos estavam muito bem vestidos. Mas Martine era a única deslumbrante.

Dei meu sim ao compromisso com a sociedade entusiasmadamente — afinal, tinha sorte de estar vivo naquele momento, pois duas semanas antes vinha chegando de moto à praça de La Motte-Picquet quando um fusca cruzou o sinal vermelho na Rue du Commerce. Numa fração de segundo, havia pensado: «Acabou, morri...!». Acelerei instintivamente e, numa manobra impossível, consegui evitar o choque. Mas acabei perdendo o controle, a moto chacoalhou, saltou, e eu saí voando por cima do carro e me espatifei no chão, do outro lado. Tinha ficado com a perna inchada e a testa sangrando. Fora por pouco — e também um alívio perceber que a minha entrada no Paraíso tinha sido adiada. Eu ainda não tinha a menor intenção de morrer...

Minha amiga Catherine nos abriu seu coração e as portas de seu lindo apartamento na avenida de Breteuil para o almoço de comemoração com nossos padrinhos. É curioso lembrar que, alguns anos antes, eu dormia em um bicicletário ali perto...

As minhas botas haviam impressionado Marc, o padrinho de Martine. Ele olhava para o brilho delas como se fossem espelhos retrovisores. Ficou me examinando com curiosidade, com uma pitada de inveja, e me perguntou, de um jeito bem presunçoso, como se me questionasse sobre a receita de um coquetel:

— Como você consegue ficar tão... à vontade?

É verdade que não temos os mesmos fornecedores: ele usa roupas de grife. Enquanto fala comigo, fica passando a mão no pulso, chamando a atenção para o seu relógio. Eu o questiono — ele estava mesmo esperando por isso:

— Tem algo errado com o seu relógio?

— Isso não é um relógio, meu velho!

— Não? Daqui parece exatamente um relógio... O que é, então?

Marc ficou todo orgulhoso, parecia um pavão. Fez um pouco de suspense para dizer:

— Bem... isso é um... é... sabe? Um Rolex!

— Nossa, parece ótimo! Mas o que um Rolex faz além de marcar as horas como um relógio comum?

— Você é completamente ignorante, meu velho! O Rolex é o Rolls-Royce dos relógios! Uma joia suíça, com mecanismo montado manualmente... É indestrutível, com garantia vitalícia. E custa dez mil pratas.

— Bem, o seu Rolex pode até ser indestrutível e ter garantia para toda a vida, mas aposto que no meu pulso eu o faço parar.

— Você não sabe o que está dizendo, meu velho. Um Rolex não para nunca!

— Quem não sabe de nada é você: nenhum relógio funciona comigo!

— Pode até ser, mas um Rolex não é apenas um relógio: é um Rolex! Nunca para! Eu dobro a aposta...

Coloquei o relógio dele no meu pulso. Tic-tac, tic-tac. Cinco minutos se passaram. Estava começando a duvidar do meu magnetismo, que destruíra todos os relógios que tentara usar. Tic-tac: o Rolex permanecia imperturbável, e Marc triunfava. Tic-tac, tic-tac. Ele começou a cantar vitória quando o ponteiro dos segundos diminuiu a velocidade... Marc empalideceu.

— Não! É impossível! Meu Rolex...

Um minuto depois, o Rolex parou completamente. Marc ficou perplexo. Olhou para mim: o abominável destruidor de Rolex.

— Não se preocupe, tem garantia vitalícia!

Marc é o meu total oposto. Acabamos nos tornando amigos — obrigado, Rolex — e sincronizando nossos relógios. Porém, quanto mais o conhecia, mais penetrava no mundo do sofrimento das «boas famílias». Quantas feridas escondidas sob os sinais externos da riqueza! Pais divorciados, anos de terapia... e a segurança de uma boa conta bancária para proprietários de um coração irremediavelmente triste. Graças a Marc, descobri que a pobreza não é apenas material, e que sofremos com mais intensidade, e de forma menos visível, as misérias emocionais e espirituais.

No dia seguinte ao casamento civil, Martine e eu nos casamos diante de Deus na igreja de Trosly, junto aos nossos amigos da Arca. A festa foi magnífica, e todos estavam felizes. Todo mundo veio me dar os parabéns.

— Você tem sorte de ter uma mulher assim!

Sim, é claro! Mas também gostaria de saber se a minha esposa tinha sorte de ter um marido como eu!

O Evangelho da Missa do casamento parecia servir especialmente para mim. São Lucas o escrevera dois mil anos antes, mas poderia muito bem tê-lo escrito ali, naquele momento, sobre a minha vida. É a história de um filho que briga com o pai, que sai de casa e, anos depois, retorna à casa paterna...

*Então ele saiu e voltou para o pai. Ainda de longe, o pai o avistou e, movido de compaixão, correu para se jogar em seu pescoço e cobri-lo de beijos. O filho disse:*

*– Pai, pequei contra o céu e contra ti. Não sou mais digno de ser chamado teu filho.*

*Mas o pai disse aos seus servos:*

*— Rápido, traga as melhores vestes para ele... Festejemos e nos alegremos, pois meu filho, que estava morto, retornou à vida. Ele estava perdido e foi encontrado...*

A Palavra de Deus está viva.

— Philippe, você aceita Martine por esposa?

Aqui estamos. O momento fatídico. «Sim» tem três letras... É uma única sílaba. Sua pronúncia exige meio segundo que envolve toda uma vida. O sim é sim para sempre.

— Sim.

Naquele momento, com o meu sim, a ajuda do Espírito Santo e o nosso amor, jurei contrariar a genética.

Enfim... celebramos!

Casados, Martine e eu continuamos a explorar o abismo das nossas diferenças, mesmo depois de tanto o termos sondado quando éramos noivos. Eu sou como uma plaina; Martine, como lixa. Nós nos amamos, mas inevitavelmente faremos sofrer um ao outro. Martine vive com o coração e as portas abertas. Convida todos para casa. Eu, por outro lado, tenho uma necessidade doentia de privacidade. Ela fazia bolos para mim — foi minha época de glutão — e eu agradecia, dizendo:

— Preciso mais de ternura do que de açúcar.

Rápido, rude... Muitas vezes a magoei — e magoo — com minhas frases cortantes e com minha raiva tempestuosa.

Ser diferente requer adaptação ao outro, saber lidar, dar-se a conhecer, fazer concessões constantes. Viver junto requer muito tempo, paciência, delicadeza.

Sofro particularmente quando a família de Martine se reúne. Sinto-me excluído de sua cumplicidade. Não temos sequer uma referência comum. Entendo a dificuldade dela em trazer para dentro de si um esquisitão sem família, com botas cossacas e cabelos caindo no meio das costas, mas sou incapaz de aceitar não me sentir adotado por eles. Estar em família é insuportável para mim. Não me sinto filho, embora meu sogro tenha me dito, no dia em que anunciamos nosso amor: «Você é como um filho para mim!».

A parte mais difícil é sempre ser «como», e nunca ser de fato. Ninguém pode fazer nada em relação a isso.

## 23 ANOS: O CASAMENTO DO FILHO PRÓDIGO

Reuniões de família me machucavam. Os medos me paralisavam: medo de não ser interessante, de parecer analfabeto ou inconveniente... Voltei a perder a linha. Minhas reações eram exacerbadas.

— Você nunca terá de se esforçar — disse certa vez a Martine. — Nunca esteve com seus sogros. E por uma boa razão!

Em Paris, sentia-me sufocado, ficava andando em círculos como um leão na jaula. Estava com saudades dos meus amigos, das árvores, de cuidar de alguns animais. Ofereceram-nos várias fazendas para assumir em Landes ou na Bretanha. Mas o que meu amigo, o bom Deus, achava disso? Onde Ele nos queria? Um dia, depois de ficar me fazendo essas perguntas, Marie-Hélène Mathieu, diretora do Escritório Cristão para Deficientes e chefe de Martine, perguntou:

— Martine, você estaria disposta a cuidar de nossa filial em Lourdes? O responsável irá sair de licença para cuidar da saúde.

Eis a resposta do meu Amigo.

Decidido. Partimos para Lourdes.

Pouco antes de me mudar, minha esposa me levou a um retiro numa casa de caridade em Châteauneuf-de-Galaure, no Drôme. Fui por amor à minha mulher, porque não conseguia me imaginar seis dias inteiros ali só para ouvir um padre — mesmo que o pregador fosse ninguém menos do que o irmão do padre Thomas Philippe. Seu nome era Marie-Dominique — nome curioso para um homem —, e ele usava o mesmo hábito branco dos dominicanos: mania de família? Ele não era mais alto do que padre Thomas. Seus olhos brilhavam atrás de óculos grossos como lentes de aumento. Todos o chamavam de Marie-Do. Tema do retiro: Apocalipse, o último livro da Bíblia. Esse nome mais me lembrava uma boate chamada Calypso.

Quando Marie-Do iniciou a pregação, fez-se silêncio. Ele reinou ali por seis dias. Suas palestras foram emocionantes. Impressionado, escrevi tudo em um caderno.

Foi como um banho de luz. Seis dias sem dizer nada. As pessoas se observavam gentilmente. Afinidades nasciam inexplicavelmente, sem que nem mesmo uma palavra fosse dita.

No meio da semana, todos foram convidados para visitar Marthe Robin, uma camponesa local, mulher muito simples que vivera a Paixão de Cristo em seu corpo e que irradiava bondade e verdade.

Era algo difícil de acreditar para um grande pecador de intelecto limitado. Ela vivia em um sítio, enclausurada em um quarto e com as venezianas fechadas, pois seus olhos feridos já não suportam mais a luz. Pessoas vinham de todo o mundo para confiar-lhe intenções de oração e receber conselhos.

Todos esperavam para vê-la, e a lista de inscritos já estava cheia. Martine queria se inscrever. Eu, durão e orgulhoso, disse:

— Ah, não! Deixe disso!

Durante o almoço, uma jovem pegou o microfone para anunciar os nomes das primeiras sete pessoas que iriam ver Marthe Robin naquela tarde. Perplexos, descobrimos que fomos os primeiros nomeados. Olhei para Martine e não pude deixar de observar:

— Mas nós nem nos inscrevemos!

Duzentas pessoas estavam olhando para nós. Fiquei morrendo de vergonha.

Não tive escolha. Fui obrigado a acompanhar minha esposa. Subimos até o sítio da família Robin, no planalto. A cozinha rústica, com o seu fogão a lenha, tinha sido transformada em sala de espera. As pessoas conversavam quase que sussurrando. Surge, então, uma jovem pedindo que eu e Martine a acompanhássemos. Fomos para um quarto escuro. Tudo parecia muito misterioso. Sentamo-nos ao lado da cama, tateando na escuridão. Imaginava que aquela santa imediatamente leria a minha alma e me expulsaria com um sonoro «*Vade retro*, Satanás!». Mas... não. Uma voz clara e surpreendentemente jovem surgiu das sombras e nos deu as boas-vindas. Dissemos à mulher invisível que éramos recém-casados e muito, muito diferentes. Ela riu e disse:

— São disfarces para o bom Deus. Seu amor deve se basear na fé, na esperança e na caridade.

Martine disse a ela que estávamos esperando um filho. Ela ficou muito contente, maravilhada, e começou a falar de crianças como se as tivesse criado durante toda a vida.

Contei-lhe sobre os meus receios de ser pai, por conta da minha origem sombria, e sobre o medo de reproduzir as feridas que tinha sofrido. Ela escutou toda a minha história e depois respondeu:

— Seus filhos crescerão na medida do seu amor.

Essa frase ficou marcada em mim com letras de fogo.

Quando estávamos explicando a ela o nosso plano de nos mudar para Lourdes e que precisaríamos encontrar uma casa, ela nos interrompeu.

— Uma casa para acolher aqueles que a Santíssima Virgem vos enviará!

Martine e eu nos olhamos, surpresos. Desde o nosso noivado, sonhávamos com uma casa na qual pudéssemos partilhar. Marthe, sem nos conhecer, confirmou isso e nos tranquilizou.

— A Santíssima Virgem guiará vocês.

No fim da nossa visita, apesar da escuridão, pudemos vê-la, pequenina, enrolada no lençol. Ela se despediu com uma voz doce como a de um anjo, e nós agradecemos por todas aquelas palavras que haviam iluminado a nossa escuridão.

Estávamos na frente do sítio, deslumbrados, perplexos e desconcertados com o que tínhamos acabado de viver. Aquele momento tão simples e importante para nós tornou-se uma pedra fundamental. Lá estávamos, cheios de esperança, animados e decididos a seguir em frente. Daquele dia em diante, Marthe Robin passou a ocupar um lugar de destaque em nossa vida.

No fim do retiro, um padre me pediu para dar o meu testemunho. Eu não queria, por isso relutei. Mas acabei obedecendo.

Depois disso, fiquei em silêncio. Um silêncio que duraria onze anos. Até meu pai morrer.

# 24 ANOS: EM LOURDES, NAS MÃOS DE MARIA

ourdes...

Rapaz, quando eu era criança, essa palavra mexia com a minha cabeça. Era um nome mágico, como os paraísos tropicais das Ilhas Canárias ou Seychelles. Para mim, evocava montanhas imensas, fontes de água, ar puro, florestas selvagens, a liberdade...

Certa vez, no dia das crianças, o prefeito de nossa vila deu uma moeda de cinco francos a todos os «ch'tios». Apostei toda essa fortuna de uma só vez no sorteio do festival municipal. O primeiro prêmio era uma viagem a Lourdes. Eu tinha certeza de que ganharia — meu desejo era forte demais para não ser atendido... E a decepção foi tão grande quanto a ilusão que me fizera apostar. Perdi tudo na mesma jogada: minha moeda e meu sonho. E quem ganhou a viagem para Lourdes foi o menino mais rico da cidade...

Lembrei-me desta história na noite em que nos mudamos. Os faróis da minha caminhonete iluminaram uma placa: «Lourdes». Estávamos na estradinha que passa serpeando por trás dos campos que rondam o santuário. Eram duas e meia da manhã, e ainda se podiam ver inúmeras velas acesas iluminando o outro lado do rio, em frente à gruta onde Maria aparecera para Bernadete. Deus tem memória. Ele não só me ofereceu a viagem que havia perdido, mas também uma *vida* em Lourdes. Meu Amigo sempre me oferece um pouco mais.

Fomos morar em um apartamento na rua de la Grotte. Sentia-me apertado entre quatro paredes e vivia procurando uma casinha para reformar na zona rural próxima dali. Todas as noites, dizia a Martine:

— Venha ver, acho que encontrei uma...

Todas as noites ela me seguia, obediente. Íamos ver e... Bem, alarme falso.

Tínhamos pressa porque estávamos dividindo o apartamento com Roger, um rapaz de origem senegalesa. Ele celebrara o Natal conosco naquele inverno e, dois meses depois, um juiz e uma assistente social entraram em contato conosco dizendo que Roger quase morrera de overdose. No hospital, ele lhes tinha dito:

— Só tenho um lugar para ir: para o meu irmão Tim, em Lourdes.

A assistente social perguntou se poderíamos recebê-lo...

— Sim, mande-o para cá!

Para variar, fui um tanto imprudente. Não pedi a opinião de Martine — uma opinião que ela me deu imediatamente depois de saber da notícia:

— Temos um bebê e apenas dois quartos pequenos! Você não acha que já estamos um tanto apertados?

— A bebê pode dormir no nosso quarto! Qual é o problema? Martine, se não recebermos o Roger, não irei mais à igreja porque o bom Deus me dirá: «Quis ir à tua casa e não me recebeste».

Martine era a rainha das portas abertas, e por isso concordou. Ela disse sim na fé. Tiro o chapéu para ela.

Viver com Deus nem sempre é fácil. Viver com Tim Guénard é quase impossível!

E Roger chegou todo espalhafatoso. Era viciado em heroína e tinha dois metros de altura. Andava sempre com um rádio ligado no ombro. Às crises de abstinência seguiam-se as crises de excitação, que, por sua vez, vinham acompanhadas de crises de depressão. Viver com ele era caótico.

O pai de Roger era senegalês; sua mãe, normanda. Ambos haviam morrido num acidente de carro, junto com sua irmã mais nova. Sozinho no mundo, ele também experimentara a ferida do abandono e da marginalidade. Para sua família paterna, ele não era negro o suficiente; para a família materna, não era branco o bastante. Joséphine Baker, a grande cantora, o adotara; e, quando ela morreu, o coração de Roger se despedaçara novamente. Edith Piaf, sua madrinha, tentou arranjar-lhe um emprego nos grandes palácios parisienses, mas ele esvaziava as garrafas de champanhe nos corredores em vez de encher o copo dos clientes. Foi então que Roger, o negro, conheceu a «branca»: a heroína — e, com ela, a descida para o inferno...

Martine e eu rezávamos intensamente para que a Santíssima Virgem nos encontrasse uma casa grande e arejada. Era urgente. Estávamos começando a enlouquecer.

Certo dia o corretor de imóveis nos levou por estradas de terra a alguns quilômetros de Lourdes, até chegarmos em frente a um casarão na encosta de uma colina. Foi amor à primeira vista. Era uma antiga casa de fazenda transformada em acampamento de verão, chamada

Chalé Notre-Dame. Meu Amigo nos deu uma piscadela maravilhosa. «A Santíssima Virgem guiará vocês», dissera-nos Marthe Robin...

Fechamos o negócio e logo batizamos nossa futura casa de Fazenda Notre-Dame. Em memória da fazenda do padre Thomas Philippe, da fazenda de Marthe Robin e da «assinatura» da Virgem Maria.

Havia muito trabalho a fazer, mas isso não me assustava. Trabalhávamos durante o dia na fazenda, ao ar livre, em nosso morro. Roger ficava enchendo a nossa paciência, cantando canções de amor de Julio Iglesias: «*Qué amore...*». Isso me irritava bastante, mas ainda menos do que sua chantagem emocional.

— Se eu não usar drogas por uma semana, o que você vai me dar?

— Nada, Roger. É por você que deve parar de usar drogas, não por mim.

— Ah, eu sabia, Tim! Você não me ama, vou me matar!

No começo, eu nem ligava. Depois, quando acordava pela manhã, corria para verificar se ele ainda estava vivo. No fim das contas, me acostumei a deixá-lo cantar.

Certo dia, não sei a razão, Roger não levou seu rádio para a fazenda. Ficamos sem canções de amor, sem Julio Iglesias... Sorte inesperada. Finalmente teríamos silêncio. Estava repintando a frente da casa quando ele chegou, subiu a escada e me deu um beijo no rosto.

— Tim, meu irmão, eu te amo! Sinto-me bem aqui. Você viu como é lindo? Esse silêncio, os pássaros... Ei, Tim, você não quer um café?

— Sim, obrigado! Sabe, Roger, também gosto do silêncio, e fico feliz que você goste...

Quase caí para trás! Não podia acreditar! Só poderia agradecer por aquela mudança repentina. Continuei a pintar, com o coração leve, em ação de graças.

Mas já havia passado meia hora e nada do café. Achei estranho. De repente ele volta, cambaleando. Sua pele negra estava amarela. Esfreguei os olhos, achando que a tinta branca estivesse interferindo na minha visão.

— Aqui, meu irmão... Irmão, o ca... O café pronto... Está pronto!

— Obrigado, Roger. Mas o que houve com você?

— Na... Nada... Está... Tudo bem...

Ele foi se afastando e se espatifou na lama, completamente bêbado. Tinha se entupido de um coquetel de remédios e álcool. Dava dó de ver. Ajudei-o a se levantar e disse:

— Roger, vamos voltar para o apartamento imediatamente. Espere aí, vou buscar o carro.

Enquanto ia em direção ao carro, ouvi uma acelerada: Roger conseguiu dar partida na sua mobilete e saiu a toda velocidade. Ele conseguiu fazer a primeira curva e acelerou ainda mais em direção a um abismo. Daria um salto para a morte. Naquele momento eu me amaldiçoava por tê-lo deixado sozinho. Saí correndo para ver o que havia sobrado dele na queda. Por sorte, Roger e a mobilete ficaram enroscados num arbusto. Ele estava lá, rindo feito um idiota. Não fazia ideia da bobagem que acabara de fazer. Fui tentando descer, me apoiando nos arbustos até alcançá-lo. Ajudei-o a subir, e ele me ajudou a resgatar a mobilete. Tentei evitar, mas ele montou novamente. Ao menos desta vez, saiu devagar. Eu estava furioso. Corri atrás dele xingando-o, ao mesmo tempo que rezava a Ave-Maria e pedia: «Santa Maria, Mãe de Deus, proteja esse maluco. Mantenha-o vivo... Afastai dele a hora da morte!».

Após cinco quilômetros de ziguezagues, Roger conseguiu chegar são e salvo à entrada de Lourdes. Ele se empolgou quando viu a placa «Lourdes» e acelerou, como se quisesse cruzar uma linha de chegada imaginária. Acabou caindo numa vala, e a mobilete parou de funcionar.

— Chega, Roger! Entre no carro agora mesmo!

Ele gritava:

— Minha mobilete! Minha mobilete!

— Cale a boca, Roger! A gente volta para buscá-la amanhã!

Eu o coloquei no carro e fomos para casa juntos.

Chegando à rua de la Grotte, ele subiu até o apartamento e foi direto para o banheiro. Ficou lá por duas horas.

— O que você aprontou, Roger? — perguntou Martine. — O que aconteceu?

Contei a ela o ocorrido. Nada bom. Teríamos uma convidada naquela noite. À mesa, Roger olha para a nossa amiga como um zumbi, com olhos vidrados, e fica lhe perguntando o seu primeiro nome.

— Qual é o seu nome? Qual o seu nome? Me diz, qual é o seu nome?

Já não aguentávamos mais. Ele voltou ao banheiro, ficou lá por um tempo e depois saiu. Continuava embriagado. E, para piorar, colocou um Julio Iglesias.

Enquanto Martine e nossa amiga colocavam Églantine na cama, corri para o banheiro, peguei o espelho, voltei para a sala e coloquei o espelho na cara dele.

— Olha só para você!

— Não, não! Eu não quero, me deixa em paz!

Coloco o espelho na frente dos olhos dele.

— Não, você vai olhar... Encare-se!

— Não, não... Você não pode me forçar, não quero me ver!

Eu não aguentava mais aquele cara. Voltei para o banheiro com o espelho na mão. Fiquei sentado na borda da banheira, chorando como uma criança. Não sabia mais o que fazer. Ele me incomodava, não me dava um segundo de paz! Então, Roger empurrou a porta. Estava a ponto de bater nele. Depois pensei em bater em mim mesmo por ter sido idiota o bastante para recebê-lo em minha casa. Queria que ele fosse embora; aquela situação estava além das minhas forças. Levantei, decidido a dar-lhe um soco, mas ele chegou me abraçando e dizendo, com uma voz pastosa:

— Tim, você é o único que me ama... E eu te amo.

Silêncio.

Tenho a impressão de ouvir uma mensagem que não era dirigida a mim. Durante meses, Roger repetira suas chantagens suicidas: «Você não me ama»; «você nem se importa comigo!» etc. Agora ele estava me consolando com declarações de amor, beijos e lágrimas.

De repente, ele diz:

— Venha, irmão... Vamos vê-la!

Ele se levanta e sai, apressado.

Sabia exatamente quem Roger estava indo ver. Acho que era a sua única chance. Ele havia se apaixonado pela Virgem coroada do Santuário de Lourdes desde o dia em que o colocara aos pés dela, na noite em que ele chegara, totalmente desamparado. Eu já estava farto. Já tinha aquele monte situações desagradáveis acumuladas durante todo o dia. Já havia chegado ao limite e estava prestes a explodir.

Das nove da noite à uma da manhã, ficamos andando de um lado para o outro, a pé, desde a grande imagem da Virgem para o nosso apartamento na rua de la Grotte, numa espécie de miniperegrinações. Enquanto íamos e voltávamos, continuava enviando ao céu o meu pedido, silencioso e desesperado.

— Maria Santíssima, já não aguento mais! Esse cara suga toda a minha energia... Ele me esvazia, me deixa totalmente perdido! É seu filho... meu irmão, mas já não aguento mais. Martine estava certa! Deveria ter ouvido o que ela disse! Mas, minha Mãe, você é meu último recurso. Não me abandone, não abandone o Roger!

É realmente inacreditável. E só acredito porque vi acontecer: era uma hora da manhã quando Roger se ajoelhou diante da estátua... e se converteu.

Depois daquela noite memorável, Roger passou a voltar lá sozinho. Ajoelhava-se diante de sua amada imagem de Nossa Senhora, erguia os braços gigantes para o céu e dizia, no meio da multidão, sem nenhuma vergonha:

— Maria, eu te amo! Te levarei sempre comigo porque te amo!

Depois desta purificação mariana, Roger ficou limpo, apaziguado. E a oração parecia ser a melhor terapia durante suas crises de abstinência.

No dia seguinte a esse acontecimento, 11 de fevereiro, celebramos Nossa Senhora de Lourdes. Voltamos ao santuário com Martine e nossa pequena Églantine, que não tinha ainda um ano. Havia muita gente para a grande procissão. Roger saiu apressado, enfiando-se entre a multidão e gritando:

— Venha, meu irmão... Venha, minha irmã! Sigam-me!

Encontramos alguns maqueiros circundando a gruta, onde um bispo ainda estava rezando. Com seu sotaque africano, Roger começou a resmungar:

— Quero ver o bispo agora mesmo, agora mesmo! Ou vou fazer um escândalo!

Os maqueiros tentaram silenciá-lo, em vão.

— Quero ver o bispo, já disse! É muito importante!... Muito importante para mim!

Intrigado com a confusão, o bispo saiu da gruta para ver o que estava acontecendo. Sem dizer nada, Roger pegou a sua mão e beijou o anel episcopal com muita devoção, como se fosse uma relíquia.

Voltou para casa abalado com aquele encontro. Não sei o que aconteceu com ele... Só sei que Roger nunca mais foi o mesmo. Acredito que, naquele dia, ele tenha experimentado a cura interior de muitas feridas, graças à Virgem coroada e àquele gesto do bispo, que caminhara até ele.

Roger ficou um ano e meio conosco. Depois, partiu para Montélimar. Ele nos telefonava de vez em quando de um bistrô.

— Olá, meu irmão. Como está a nossa Mãe? Não se esqueça de colocar flores para ela! E o bispo, como está? Espero que bem! Diga-lhes que os amo.

Seu coração não aguentava mais tanta dor. A droga havia consumido seu corpo, havia deixado muitas máculas. Depois de pouco tempo, Roger morreu. Foi se juntar à sua Mãe Celeste, que o tomou nos braços e o carregou para o coração ardente de Deus.

Meu irmão Roger foi nosso primeiro «enviado».

Hoje sou um homem feliz. Não poderia imaginar isso enquanto vivia o meu passado. Só tenho a agradecer por ter vivido o que vivi. Foi assim que cheguei até aqui para receber um dom e saborear uma doçura inesperada em minha vida. Hoje, Martine e eu temos quatro filhos. A água flui no leito pedregoso de minha vida. Pendurei as luvas de boxe para cultivar o amor. Meu ringue agora é o meu coração. Em cada um de nós, a luta pelo amor acontece a todo momento.

Conheci milhares de jovens em escolas, prisões, ginásios... Conto a eles a minha parábola favorita, aquela que a vida me ensinou. Chamo-a de «A oração do esterco».

Para cultivar belas flores em um jardim, precisamos de esterco. É o nosso passado. E Deus usa nosso passado para nos fazer crescer.

Quando os animais soltam o que se tornará esterco, é muito quente, muito ácido, muito pesado. E, é claro: fede, nos deixa enojados. E se o espalharmos imediatamente nas flores e nas sementes, elas irão queimar, estragar.

O esterco deve ficar em repouso, secar, decompor lentamente. Com o tempo, torna-se maleável, inodoro, leve... e fértil.

Depois, nutridas por ele, surgem as mais belas flores.

Deus usa nosso passado como esterco para nossas vidas. Para nos fazer crescer.

No entanto, se mantivermos a cabeça quente no passado, ficaremos sufocados. É preciso deixá-lo repousar. O que é mau se decompõe em nós, imperceptivelmente, sob a ação do tempo e da graça.

Por isso temos de amar aquilo de que nos envergonhamos e que nos parece desprezível. Isso será nosso esterco, que se tornará fonte de fertilidade.

O nosso passado, nosso sofrimento, nossos erros e prantos comporão uma canção na língua dos pobres.

Não podemos ser nada hoje sem ter sido alguma coisa ontem.

Seja você quem for, sejam quais forem suas feridas, o seu passado doloroso, nunca esqueça que, em sua memória dolorosa, uma eternidade de amor o aguarda.

# SETENTA VEZES SETE

Quase matei meu pai. Meio que sem querer.

Foi no início do meu encontro com Deus.

O padre Thomas Philippe começou a administrar as suas infusões de perdão sobre mim, e eu me sentia bem, embora ainda não tivesse conseguido abandonar todos os hábitos belicosos.

Certa vez, num sábado à noite, estava com a minha turma, e decidimos encerrar a farra em uma boate da região. Assim que passei pela porta, reconheci dois de meus meios-irmãos num canto do bar. A memória não foi nada agradável, e por isso preferi fugir. Enquanto saía, um de meus amigos acabou arrumando briga. A coisa saiu do controle, e a confusão se espalhou muito rapidamente. Tornou-se geral... Eram pancadas para todos os lados.

Não consegui fugir e, no escuro, não sabia direito em quem estava batendo. Fui dando meus golpes, e o meu oponente ia recuando. Nossos rivais fugiram de carro. Ao vê-los partir, experimentei uma inquietação indefinível, que me fez perder o sono.

Só entendi no dia seguinte. Havia sido meu pai. A pessoa em quem batera na boate era o meu pai! E ele não tinha se defendido. Eu estivera batendo no pai que eu sonhava matar, que não via fazia anos. Isso me deixou mal.

Alguns meses antes, talvez eu tivesse ficado exultante. Seria a tão almejada vingança. Agora, porém, a vingança já não fazia sentido. Não a queria mais.

O desejo de perdoá-lo só veio mais tarde, graças ao dom de Frédéric. Aquelas cinco linhas datilografadas abriram meu coração. Graças a elas, havia decidido recomeçar minha vida: uma vida baseada no amor, não no ódio.

Graças ao presente de Frédéric e de algumas palavras ditas por Sylvie, uma garotinha de apenas seis anos que encontrei numa casa de acolhimento. Seu pai, que sofria gravemente de alcoolismo, batia nela. Mas ela não queria deixá-lo; esperava-o, esperava por ele. Um dia, ela me disse:

— Quero ficar com meu pai. Ele é bom quando não está bebendo.

Suas palavras me tocaram. Dois anos depois, aquele homem se curou, ficou sóbrio. Fora a esperança de sua filha que o salvara.

Graças a Sylvie e Frédéric, passei a procurar algo positivo em meu pai. Encontrei algumas coisas. Foi graças a ele que me tornei campeão de boxe. E, de certo modo, devo a ele parte da felicidade de que desfruto hoje.

Certo dia, na cidade, encontrei uma linda jovem acompanhada de um menino. Reconheço, com um movimento de recuo, minha meia-irmã e seu irmão. Decidi me aproximar dela, que nunca fora má comigo quando éramos crianças. Aproximei-me e perguntei, sem rodeios:

— Ei, você sabe quem eu sou?

Ela pensou um pouco e, virando-se para o irmão:

— Eu sei: ele é filho do papai.

Fiquei comovido com a maneira profundamente afetuosa com que ela disse «papai». Se ela fala desse homem com tanto amor, ele não pode ser tão mau assim. Talvez até tenha sido um excelente pai para os filhos que teve depois de mim.

Por acaso fiquei sabendo que, às vezes, ele lavava minhas fraldas à mão quando eu era pequeno. Meu pai batia em mim, mas lavava as minhas fraldas!

Então voltei para o meu pai, como na parábola do Evangelho. Ele morava numa casinha num dos subúrbios ao norte de Paris. Toquei a campainha. Ele abriu. Reconheci o seu rosto, apesar do tempo. Sua figura alta ainda não estava curvada. Ele me olhou em silêncio e sem surpresa. Não disse algo como: «aí está você, finalmente, depois de tantos anos»; e nem um: «Cai fora, nunca gostei de você». Também não disse: «Meu filho querido, me perdoe!». Não. Ele não disse nada.

Mas seus olhos falavam por ele.

Fui direto ao assunto, provavelmente para controlar o meu medo do palco:

— Tornei-me cristão e te perdoo. Vamos recomeçar a vida do zero.

Foi a maior besteira que fiz na vida. Imediatamente, senti que ele estava ficando tenso. Seus olhos turvaram, seu olhar escureceu. Ele se curvou, como se tivesse levado um golpe no estômago.

Eu tinha acabado de enviar aquele homem de volta ao inferno de seu passado, do qual ele tentava escapar desesperadamente. Não passava de um bastardo, de um egoísta que só tinha uma coisa em mente: se aliviar. Perdão vivo para mim... e apenas para mim.

Meu pai não tivera a sorte de ter uma esposa como a minha e amigos como os meu. Frequentemente me pergunto: por quê? Por que tive essa chance e ele não? Provavelmente ele estivera tentando escapar das garras do remorso e das memórias horríveis de sua indignidade. Tentara consertar o que era possível sendo um pai justo e bom para seus outros filhos. Mas ainda não conseguia perdoar a si mesmo; julgava-se com toda a severidade.

Cheguei na frente dele depois de anos de ausência e joguei meu perdão na sua cara, como um julgamento e uma condenação.

Às vezes o coração pode conceder o perdão, mas a boca deve retê-lo. Eu não precisava dizer nada. No Evangelho, Cristo não diz: «Eu perdoo a ti e as tuas noites de pecado» à mulher adúltera que os fariseus querem apedrejar. Ele fica em silêncio, desenhando na areia.

Fui embora cheio de remorso, e ainda tentei preencher a lacuna entre nós enviando-lhe cartões-postais. Parece bobo, não é? Cartões-postais! Algumas poucas palavras sobre a minha alegria de viver, uma gentileza aqui e ali, a lembrança de um ou outro momento feliz que passara com ele...

Depois de algum tempo, já havia mais presente do que passado entre nós.

Então, soube que ele poderia aceitar meu perdão.

Um dia me contaram que ele havia parado de beber. Para alguém gravemente doente como ele, tratava-se de um ato heroico. Passei a admirá-lo.

Foi por acaso que soube da morte do meu pai, em 1990.

Encontrei um tio com seu filho na rua. O homem me reconheceu e me abordou:

— Ei, Tim, você deve estar feliz...

— Feliz?... Sim! Mas por que você está me dizendo isso?

— Não soube que o bastardo está morto?

Golpe no queixo. Respiração interrompida. Silêncio. Confusão.

— Não... Não sabia. Faz tempo?

— Quase três meses...

Meu primo sabia o que meu pai fizera comigo. E complementou:

— Aquele desgraçado...

Não culpo meu primo. Ele não sabia que Deus entrara na minha vida e mudara tudo, de cima a baixo. Por outro lado, fiquei chateado por Deus ter me tirado o meu pai sem nenhuma delicadeza.

Ele tirara de mim meu pai, meu avô materno, de quem eu tanto gostava, meu sogro e o padre Thomas. Todos morreram quase na mesma época. Perdi muita coisa. Era um preço muito alto que Deus estava me cobrando.

Dois anos antes, na manhã do meu aniversário, recebera um telefonema. Era um outro tio, irmão de minha mãe:

— Preciso ver você, precisamos conversar... É importante... Venha sozinho, é particular...

Encontramo-nos em Lourdes um pouco mais tarde. Na hora marcada, encontrei ele e sua esposa.

— Seu avô precisou amputar a única perna que lhe restava...

Senti o golpe. Veio outro, porém:

— Mas teve complicações, gangrenou e... os médicos não puderam fazer nada. Ele morreu.

Tentei permanecer impassível, mas chorei, porque era de partir o coração a ideia de não poder mais ver aquele amado avô aqui na Terra.

O tio deixa escapar para a esposa:

— Sabia que ele ficaria triste...

Mal pude me despedir. Peguei o caminho da montanha, chorando muito. Cheguei na fazenda muito chateado. Martine me perguntou:

— Quer adiar seu jantar de aniversário para amanhã?

— Não! A vida é assim. Eu te amo. Vamos festejar...

À tarde, voltei para a cidade e comprei presentes para todos. Deixei de lado a tristeza que sempre me enchia de revolta e que me levava ao ódio, num círculo vicioso que eu precisava quebrar a qualquer custo.

Minha festa de aniversário durou até tarde da noite. Consegui transformar a tristeza em felicidade para os outros.

O padre Thomas morreu em 4 de fevereiro de 1993. Tinha 87 anos. Morreu como viveu. E viveu aquilo que pregou. Tornou-se pobre, pequenino... E tanto ensinou sobre a presença especial de Deus em quem sofre e vive na angústia.

Dois anos antes, ele precisou deixar sua amada Arca. Não tinha mais como acolher a enxurrada de pessoas que se aglomeravam para receber seus conselhos, para confessar e provar o amor do Senhor por meio de sua compaixão. Quando soube que meu bom padre Thomas havia se unido ao Senhor, chorei novamente. Ainda me recordo dele me dizendo:

— A bem-aventurança das lágrimas nos torna pequenos, amolece nossos corações ao tirar tudo o que pode ser duro e fechado. O bom Deus adora o silêncio em relação aos outros, mas também gosta que, como crianças, deixemos rolar as nossas lágrimas perto dele.

O perdão não é uma varinha mágica.

Existe o perdão da vontade e do poder: queremos perdoar, mas não podemos. Quando podemos, quando finalmente a cabeça e o coração concordam, fica a memória, aquelas coisas dolorosas que sempre voltam à tona, que perturbam e reacendem o ódio em nós. Esse é o perdão da memória, o mais difícil, porque leva tempo — muito tempo, às vezes.

Durante dez anos, perguntei a Martine todas as manhãs: «Você me ama?». Era incrível, para mim, que ela me amasse, porque minha recuperação levou tempo. Sim, essas coisas levam tempo. Tive a sorte de conhecer pessoas boas que me amaram, mesmo com as marcas do meu passado. Ousaram aceitar a minha diferença, os meus sobressaltos de homem ferido. Percebiam o meu sofrimento e continuaram a me amar mesmo depois das turbulências. Agora, em vez das más lembranças, trago na memória o fato de ter recebido amor.

O passado pode voltar por meio de um som, de uma palavra, de um cheiro, de um ruído, de um gesto, de um lugar em que já estivemos... Qualquer coisinha é suficiente para fazer surgirem as memórias. As minhas me arrastam, me machucam. Elas me lembram de que ainda sou sensível, de que ainda sinto dor. Talvez eu nunca fique completamente em paz.

É certo que sempre terei de reencontrar o meu perdão. Seria o «setenta vezes sete» de que fala Jesus?

Perdoar, enfim, não é esquecer, mas aceitar e viver em paz com a ofensa. É difícil quando a ferida atravessa todo o ser até marcar o corpo como uma tatuagem macabra. Recentemente, fui submetido a uma cirurgia na perna: o espancamento de meu pai causou danos físicos que carrego até hoje. A dor muitas vezes ressurge; com ela, a memória.

Para perdoar é preciso lembrar, e não enterrar a ferida. É preciso trazê-la à luz. Uma ferida oculta infecciona e destila seu veneno. Ela deve ser exposta, compreendida, para que possa ser transformada em fonte de vida.

Dou meu testemunho: não há feridas que não possam ser lentamente curadas pelo amor.

Até os dezesseis anos, sonhava que minha mãe voltaria para me buscar. Depois, aceitei a ideia insuportável de ter sido abandonado por quem me carregara no ventre. Decidi, então, que o melhor seria nunca mais vê-la.

Inesperadamente, no entanto, isso aconteceu. Foi depois do meu casamento. Uma tia me convidou para uma reunião de família sem dizer que minha mãe estaria lá. De repente, vi-me na frente de uma mulher morena, jovem e bonita.

Ela nem se moveu quando me viu. Não deu a mínima. Mesmo assim, aproximei-me dela e lhe disse:

— Meu único sonho é um beijo seu...

Ela recuou, discretamente.

— Ou apenas um gesto... A sua mão no meu ombro, se preferir. Só um gesto. Isso seria o suficiente...

Ela manteve a distância e respondeu:

— Você é como seu pai... Orgulho... Só orgulho!

Esperei alguns segundos por um gesto que jamais poderia vir. Fui embora. Ainda antes de sair, ela me alcançou na porta para perguntar:

— Você perdoou seu pai?

— Sim, perdoei.

Ela ficou paralisada. Seu rosto se contorceu em uma expressão endurecida. Provavelmente ela não conseguia aceitar que eu tivesse perdoado o homem que havia me quebrado por inteiro. Ela jamais admitiria que eu colocasse os dois no mesmo nível de perdão. Ainda assim, deixou escapar:

— Sim, você é como seu pai! Será um marido ruim... e um pai ruim.

Existem palavras que são muito mais violentas do que socos. As palavras do veneno do desespero, do destino. Minha mãe não entendia o peso das palavras.

Foi preciso outra mulher, Martine, minha esposa, para me livrar desse veneno mortal. Ela cuidou de mim dia após dia, com a paciência de um anjo.

Graças a Martine, posso dizer uma coisa impensável: a alegria que recebo de nossos quatro filhos, devo-a também à minha mãe — afinal, foi ela quem me deu a vida.

Hoje luto para ser um bom pai, um bom marido e um bom filho... de Deus Pai.

Meus filhos se tornaram as minhas raízes. Com eles, o homem ferido que sou recebeu a cura. Quando me chamam de *papai*, sinto um delicioso arrepio na espinha. Uma emoção primorosa. Tanto que não quero me acostumar a ser chamado de «papai». Quero sempre sentir essa emoção. É a coisa mais linda do mundo. Lembro-me de todos aqueles «papai» que não disse, e hoje dou graças por ouvi-los. Rogo a Deus Pai que, assim como fez comigo, acolha todos os filhos que não têm a quem dizer «papai».

*Direção geral*
Renata Ferlin Sugai

*Direção editorial*
Hugo Langone

*Produção editorial*
Juliana Amato
Sérgio Ramalho
Ronaldo Vasconcelos

*Capa & diagramação*
Gabriela Haeitmann

ESTE LIVRO ACABOU DE SE IMPRIMIR
A 28 DE MAIO DE 2022, EM PAPEL OFFSET 90 g/m².